ASSESSING THE YOUTHFUL OFFENDER
Issues and Techniques

非行・犯罪少年のアセスメント

問題点と方法論

ロバート・D・ホッジ，D・A・アンドリュース 著
菅野哲也 訳
Robert D. Hoge, D. A. Andrews
Sugano Tetsuya

金剛出版

Copyright © 1996 by Plenum Press, New York
Japanese translation rights arranged with Springer Science+Business Media
through Japan UNI Agency, Inc., Tokyo.

はじめに

　私たちの社会は犯罪への不安が蔓延し，少年犯罪者にも恐れを抱くようになってきています。マスコミでは少年犯罪の低年齢化や凶悪化がさかんに取り上げられ，各種統計調査で今後非行少年数が増加していくとの見通しが発表されています。

　それによって，少年犯罪の厳罰化を求める雰囲気がますます醸成され，応報的な司法処分が少年犯罪で荒れた社会において身を守る残された手段であると信じられるようになっています。科学的な根拠がないままそのような考え方が支持され，刑事政策としてとり上げられて非行少年を処遇する基本的な指針になってきています。

　本書「非行・犯罪少年のアセスメント：問題点と方法論」では，著者であるRobert D. HogeとD.A. Andrewsにより，控えめながら合理的できわめて説得力のある論調で，少年司法制度の効果的な運営のために標準化心理検査を活用すべき点について説明されています。既存の非行原因論や処遇等の実践の中で得られた知見が標準化検査に組み込まれているか明らかにしつつ，さまざまな心理テストがどのように司法制度運営を効率化させるかという点に焦点を当てています。司法機関関係者や専門家の間では理論的な背景が異なることが多いですが，相容れない考え方をしていたとしても，標準化検査で得られる情報は各関係者間で有効に用いられる点にも触れています。また，司法制度の目的が応報的であっても，再犯抑止に焦点が当てられていても，あるいは更生に向けた教育的介入が重視されていても，制度運営の効率化は客観的なデータに負うところが大きいと指摘されています。

　著者たちは，最近の少年司法領域の理論を分かりやすく解説し，新しい標準化心理検査法を紹介しています。少年司法や司法心理学等の領域にい

る読者には，既存の概念を明らかにして整理するのに本書は役立つと思いますし，専門外の方々にも新しい情報を提供するという点で本書は役立つと思います。たとえ理論的なベースが異なっていても，少年司法制度の中で働いている方々には本書をお薦めします。犯罪学領域の社会科学は必ず社会の役に立ち，社会はそのような科学の力を求めていると考えます。

Seymour Halleck
編集長

序　文

　本書では主に標準化された心理検査を用いることで，少年司法制度における非行少年ケースの取扱い方法を改善できることを説明していきます。私たちは，少年司法関係者が標準化心理検査の有効性を正しく理解しないまま，その利点や欠点について論じる場面にしばしば遭遇してきました。そこで，心理検査への理解を深めてもらい，近年の研究の目ざましい進展により，少年司法領域に関係した心理検査が相当数開発されていることについて司法関係者に伝えたいと考え，本書を作成しました。

　本書ではこれまで発表されている少年非行に関する理論書や実践書等を参照しながら，少年司法手続がだいたい以下のような状況にあると考え，各論点に沿って解説を加えながら心理検査の有効性について説明していきます。

　少年司法手続では，非行や犯罪に関係する資質面や環境面について，すなわち知能，情緒，行動傾向，態度や価値観，家族関係，近隣環境などについて，広範にわたって調査を行い，それらの分析に基づいて少年が置かれている状態を推定して最終的な決定を下すことになっています。まず，この背景調査という点について考察をしてみたいと思います。

　次に，これらの背景要因に関する調査・鑑別手法がまちまちで定まっていない点と，手続上の明確な規定がないまま，司法関係者の幅広い裁量権により少年が置かれている状況が推定されることが多いという点に焦点を当てます。これは，少年を鑑別[1]する際に，明確で一貫した判断が下されないことから，不適切で不公平な司法判断に至る可能性があるからです。

訳注1） 一般には種類等により区別することを指すが，少年司法では資質面や環境面を幅広く調査して少年の状態，非行の原因，処遇方法等を特定することを指すことが多い。本書では，「アセスメント」と同意味に使用している。

最後に，標準化された心理検査を活用することで，非行の背景要因の調査の精度を高め，その結果に基づいて下される司法判断の質を高めることが可能になるという点について説明します。すなわち，信頼性や妥当性が適正に保たれている標準化心理検査の場合，それらを使用することで少年の状態について質の高い鑑別が可能になるという点と，検査の正確さが増すことで，少年司法手続において関係機関間で一貫性のある取扱いを行うことが可能になるという点について詳細に説明していきます。

　本書は，次のような読者を想定しています。第一に非行・犯罪少年の心理検査の実施や解釈にたずさわる精神・心理臨床の専門家です。すなわち，心理士を中心に，精神科医，ソーシャルワーカー，あるいは教育の専門家が考えられ，司法心理領域で開発された検査やその研究の動向などについて情報を提供いたします。第二に，保護観察官や矯正職員のように実際に少年の処遇を直接担当している人たちです。最近では，処遇担当者が心理検査を活用してデータ収集を行う要請が高まっています。そのような現場のニーズに合わせて開発された検査も増えているので，それらについても紹介しながら，処遇の前線に立つ人たちに向けて有効に検査を活用できる点について説明を加えていきたいと思います。第三に，裁判官や弁護士など，司法手続の審理の中で心理検査に触れる可能性がある人たちを想定しています。特に司法判断において心理検査が果たす役割について解説している第1章，第2章，第3章および第8章は，法曹関係者に関係が深いと言えるでしょう。最後に，司法心理学あるいは犯罪学の研究者にとっても，本書は有益と信じます。最近開発された検査の情報や，今後継続して調査すべき分野に関する情報などを紹介していきます。

　この本の構成は，次のとおりです。第1章では，代表的な少年司法モデルと，さまざまな非行原因論を紹介します。第2章では，少年司法手続における判断形成について考察します。すなわち司法の流れの中で判断しなければならない事柄と，その判断形成に必要な少年の資質や環境面の鑑別について概観します。第3章では，各種司法制度において心理検査の果た

す役割や，その長所と短所について触れながら，心理検査自体の評価方法について考察していきます。

　第4章からは，少年司法手続に適した各種心理検査とは何かという点に焦点をあて，第4章では適性検査や学力検査，第5章では性格・行動・態度検査，第6章では社会環境調査，そして第7章では精神科診断，資質鑑別，分類制度等について，それぞれの検査法の紹介と，それらが司法判断にどのように関係するか説明していきます。また，実際に検査を活用した事例を紹介しながら，司法心理の現場や研究・調査活動において近年注目を受けている検査手法についても説明していきます。

　以上が本書の概要になります。続いて参考までに，少年司法の判断形成における心理検査の役割と，適切な処遇選択という側面での心理検査の役割という点について，著者2人の基本的な考え方についてお話ししておきます。第1章でも詳しく紹介しますが，非行少年の処遇には，懲罰的で社会防衛的な色合いの濃い考え方から，個々の非行少年の必要性に応えようとする保護的あるいは教育的な考え方まで，実にさまざまな考え方があり，それぞれ少年司法制度に影響を及ぼしています。私たちは，高いレベルの妥当性と信頼性が担保された標準化心理検査は，どのような考え方に基づいた少年司法制度においても有益に活用されるものと考えています。私たち自身は保護的・福祉的な観点に立ち，更生に向けて教育を行うことに重点を置いた司法モデルが少年のケースに適していると考えています。著者がこのような考え方をしていることを念頭に置いて，本書を読み進めていただければ幸いです。

　本書をまとめるにあたり，多くの関係者や関係機関にお世話になりましたので，この場をお借りしてお礼申し上げます。特に私たちの研究活動に対し，調査研究費を援助してくれたオンタリオ州の地域・社会サービス省，カナダ連邦保健省少年精神衛生基金，カールトン大学に感謝申し上げます。また，第一稿の推敲を手伝ってくれたRay Corrado, Robert Knights, Lynda Robertson, David Simourd, そしてClare Stoddardに心から感謝を

いたします。さらに，原稿の校正を助けてくれたMarlo Galや，常にそばにいて励まし支えてくれた友人，同僚，そして何よりも私たちの家族に心から感謝を述べます。

目　次

はじめに ………………………………………………………… 003

序　文 …………………………………………………………… 005

第1章　理論的背景 …………………………………………… 015
　1　少年司法モデル　　　　　　　　　　　　　　　　　017
　　1－1　児童福祉モデル　　　　　　　　　　　　　　017
　　1－2　共同体モデル　　　　　　　　　　　　　　　019
　　1－3　修正司法モデル　　　　　　　　　　　　　　020
　　1－4　司法モデル　　　　　　　　　　　　　　　　021
　　1－5　犯罪抑制モデル　　　　　　　　　　　　　　021
　　1－6　司法決定の目的　　　　　　　　　　　　　　022
　2　少年非行理論　　　　　　　　　　　　　　　　　　023
　3　最近の心理学的犯罪論　　　　　　　　　　　　　　025

第2章　少年司法制度における決定プロセス ……………… 033
　1　司法手続における判断　　　　　　　　　　　　　　034
　　1－1　警察による捜査手続段階　　　　　　　　　　034
　　1－2　インテーク／判決前手続段階　　　　　　　　035
　　1－3　裁判決定　　　　　　　　　　　　　　　　　036
　　1－4　処分／措置内容の決定段階　　　　　　　　　036
　2　少年の資質あるいは環境に関する鑑別・調査　　　　037
　　2－1　犯罪レベル　　　　　　　　　　　　　　　　038
　　2－2　処分の軽重に関連する要素　　　　　　　　　039
　　2－3　精神状態や成熟度　　　　　　　　　　　　　040
　　2－4　リスクレベル　　　　　　　　　　　　　　　041
　　2－5　ニーズ　　　　　　　　　　　　　　　　　　042
　　2－6　反応性　　　　　　　　　　　　　　　　　　044
　3　判断形成プロセス　　　　　　　　　　　　　　　　045

第3章　少年司法手続における心理検査の役割 …………… 049
　1　主要な心理検査および調査手法　　　　　　　　　049
　2　司法手続で用いる検査の評価法　　　　　　　　　051
　　2−1　専門的な評価基準　　　　　　　　　　　　052
　　2−2　評価法に関する専門用語　　　　　　　　　054
　3　標準化された心理検査を用いる利点　　　　　　　061
　4　心理検査の弱点　　　　　　　　　　　　　　　　063
　5　本書における心理検査の紹介　　　　　　　　　　066

第4章　能力適性と学力レベルのアセスメント …………… 069
　1　能力適性検査　　　　　　　　　　　　　　　　　069
　　1−1　一般的知能検査　　　　　　　　　　　　　070
　　1−2　特殊な能力適性に関する検査　　　　　　　075
　　1−3　神経心理学的検査　　　　　　　　　　　　076
　　1−4　職業適性検査および進路適性検査　　　　　077
　2　学力検査　　　　　　　　　　　　　　　　　　　079
　3　少年司法手続で知能検査，適性検査および学力検査を
　　活用することについて　　　　　　　　　　　　　080

第5章　性格，態度および行動面のアセスメント ………… 085
　1　性格検査　　　　　　　　　　　　　　　　　　　086
　2　行動検査　　　　　　　　　　　　　　　　　　　090
　　2−1　対人関係，行動面および情緒面に関する検査　090
　　2−2　反社会傾向や自己破壊行動傾向に関する検査　093
　　2−3　適応能力に関する検査　　　　　　　　　　093
　3　面接調査法　　　　　　　　　　　　　　　　　　094
　4　その他のタイプの性格・行動検査　　　　　　　　097
　5　態度，価値観および信条に関する検査　　　　　　098
　6　少年司法制度における性格，行動および態度検査の役割　099

第6章　環境要因のアセスメント ………………………… 103
　1　家族機能と養育方法に関する調査・鑑別方法　　　　105
　2　学校での活動や適応力に関する検査　　　　　　　　107
　3　交友関係に関する検査　　　　　　　　　　　　　　108
　4　矯正処遇環境に関する調査　　　　　　　　　　　　109
　5　少年司法制度における生活環境調査の役割　　　　　111

第7章　総合診断および分類システム ……………………… 115
　1　人格を基準にした診断システム　　　　　　　　　　116
　　1－1　Diagnostic and Statistical Manual of Mental Disorders,
　　　　　Fourth Edition (DSM-IV)　　　　　　　　　　116
　　1－2　The Minnesota Multiphasic Personality Inventory (MMPI)　118
　　1－3　The Interpersonal Maturity Level Classification System (I-Level)　119
　　1－4　The Conceptual Level Matching Model (CLMM)　　120
　2　行動傾向を基準にした診断システム　　　　　　　　122
　3　犯罪行動を基準にしたリスク診断システム　　　　　123
　4　多方面の要因を検討して再犯リスクとニーズを診断するシステム　126
　　4－1　The Wisconsin Juvenile Probation and Aftercare Assessment Form　126
　　4－2　The Arizona Juvenile Risk Assessment Form　　128
　　4－3　The Firsetting Risk Interview　　　　　　　　128
　　4－4　The Psychopathy Checklist-Revised (PCL-R)　　129
　　4－5　The Youth Level of Service/Case Management Inventory
　　　　　(YLS/CMI)　　　　　　　　　　　　　　　　130
　5　その他の診断用検査　　　　　　　　　　　　　　　133
　6　少年司法制度における診断および分類システムの役割　134
　　6－1　人格および行動傾向を基に作成された診断・分類システム　134
　　6－2　犯罪歴を基に犯罪等の危険性を予測する診断システム　135
　　6－3　広汎な領域に基づくリスク診断システムとリスク・ニーズ
　　　　　診断システム　　　　　　　　　　　　　　　　136

第8章　まとめ …………………………………………………… 139
　1　心理検査の肯定的側面　　　　　　　　　　　　　　139

1-1	道具としての効用	139
1-2	一貫性	140
1-3	明解な概念構成	141
1-4	心理学研究の飛躍的な発展と司法心理への影響	142
1-5	評価方法	142
1-6	司法制度の有効性	143
2	実務家への提言	144
2-1	専門性の役割	144
2-2	テストや検査の選択	146
3	心理検査で今後研究が必要な分野	150
3-1	非行・犯罪の心理機制	150
3-2	概念構成	152
3-3	検査の開発	154
4	まとめ	155

付録1　本書で紹介した検査や調査法 ………………… 157

付録2　主な検査の出版元と住所 ……………………… 160

文献 ……………………………………………………… 161

訳者あとがき …………………………………………… 177

著者略歴 ………………………………………………… 179

訳者略歴 ………………………………………………… 180

非行・犯罪少年のアセスメント

問題点と方法論

第1章　理論的背景

　本書全体を通じて，標準化された心理検査を活用することで，少年司法制度における各種判断の質を高めることができるということを説明していきます。標準化心理検査とは，検査方法が定形化され，検査結果が計測心理学的データ[2]として活用できるものを指していて，個別検査の代表例ではMMPI（Minnesota Multiphasic Inventoryミネソタ多面人格目録），より包括的な検査手続ではConceptual Level Matching Model[3]など，さまざまなものが含まれます。各調査・検査方法については，第7章他で詳しく説明いたします。

　まずは少年司法における判断形成の流れについて，Gottfredson（Gottfredson, M.R. & Gottfredson, D.M. 1988）の考え方に沿って考察してみましょう。少年司法機関，あるいは司法機関に準じた組織による決定では，少年の処遇や介入方法を検討し，最も適したものを最終的に選択します。判断形成の流れとしては，まず司法制度の目標を設定し，次にその目標達成に結びつくと考えられる処遇方法を明らかにして，それらの中で個々の少年に効果的と考えられる介入方法を選定して司法判断を下すということになります。例えば，再非行を避けることを目的に，ある少年を一定期間施設に収容する司法判断を下したケースを見てみましょう。その司法制度では凶悪犯罪に関与した少年，改しゅんの情をほとんど示していない少年，あるいは家庭に深刻な問題を抱えている少年は再犯をする可能性が高いと

訳注2）psychometric data　統計的な心理学研究において活用できるデータ
訳注3）CLMM　対象者をタイプ分けして，それぞれに適した処遇の場や処遇方法を探る手法

考え，当該少年がこれらの再犯危険性が高いケースにあたるかどうか判断した上で，再犯を阻止するためには施設に収容することが効果的と考えたのです。

　Gottfredsonは，なぜ妥当性に欠けた判断，あるいは不適切な判断が下されるのか，という点について次のように説明しています。まず司法の目的達成に適していると仮定された処遇・介入方法が誤っていて，いくら処遇や介入を行っても目的を達成することができない場合です。前の例で説明すると，家庭に深刻な問題があるという背景要因を抱えた少年を一定期間拘禁施設に収容することが再犯防止に有効である，とする仮定自体が誤っている場合です。心理学や犯罪学的な手法で背景要因を調査することが，問題解決に向けて非常に有効な判断材料を提供すると考えますが，そのような手段を活用せず初めから施設収容しかないと決めつけてしまう場合，誤りを犯す可能性があります。

　次に考えられるのは，対象とされる個々の少年がどのような少年であるかという判断に誤りがある場合です。少年にどの介入方法が適しているかというのは，面接調査，行動観察，関係機関の記録，裁判所の記録などにより少年像を明らかにした後に決めることになりますが，それらの基本的な情報が不正確だったり，少年とは無関係な情報が集められていたり，あるいは情報が誤って解釈されていたりすると少年像にぶれが生じてしまい，その結果少年に適した介入方法を選択することができなくなります。前述した例の場合，少年の改しゅんの度合い，あるいは家庭の問題について誤った見方をしていた場合，拘禁施設への収容という裁判決定が不適正である可能性があります。

　最後に不適切な判断が導き出される原因として，判断基準が一致していない場合があげられます。司法制度内で一部の職員に判断・決定権が集中し，さらにそれらの職員間で少年司法の目的と，その目的達成に効果的とされる介入手段に関する見解が異なっている場合に，異なった判断基準により最終決定が下されることになってしまいます。前例では，裁判官によ

って施設拘禁に関する判断基準が異なっている場合，内容が類似したケースでも担当した裁判官によって最終決定が異なることになります。

本書では，これら不適切な判断が生じる背景要因のうち，第二および第三の要因に焦点を当てて，標準化された心理検査や調査・鑑別手続を導入することが情報収集力の向上や情報活用の活性化を促し，少年の更生に有益な決定を下すなど司法判断に有効に働くことについて説明をしていきます。

少年司法制度にはいくつか異なったモデルがあり，それぞれの基盤となる非行原因論は異なっています。どのような制度下でも標準化された心理検査は一定の役割を果たすものと考えますが，それぞれの制度モデルによって重視する点が異なっていることから，おのずと心理検査の果たす役割も異なったものになります。そこで，代表的な少年司法モデルと非行原因論についても紹介しながら，各制度において心理検査がどのように用いられているか概括したいと思います。この章の最後では，最近の少年犯罪の原因論と処遇理論の動向についても触れてみたいと思います。

1　少年司法モデル

Corrado (1992) は，少年司法制度をおおまかに5モデルに分類しています（図1）。実際にはこの5つの類型にそのままきれいに合致する制度は存在しませんが，類型化することで少年の処遇に関する異なった考え方を比較することができます。各モデルの対比により，少年司法手続の目的や目的達成に最善と考えられている介入方法の相違点が明らかになり，それぞれの制度での心理検査の役割の違いを明確にすることも可能になります。

1－1　児童福祉モデル

カナダ，米国および英国の少年司法制度では，20世紀初頭から最近まで基本的に児童福祉モデルに沿って少年ケースを取り扱ってきていまし

← 少年個人重視 / 社会の安全重視 →

	児童福祉モデル[1)2)]	共同体モデル[1)]	修正司法モデル	司法モデル[1)]	犯罪抑制モデル[2)]
決定手続の特徴	非定型的手続	行政手続	適正手続/非定型的手続	適正手続	司法手続/裁判所の裁量による判断
事件係属の端緒	問題行動全般	犯罪行為	犯罪行為	犯罪行為	犯罪行為/ぐ犯
決定内容	個々の必要性に応じた決定	ダイバージョン（司法手続外で収容処遇以外の処遇プログラム）	軽いケースはダイバージョン、重いケースは司法手続による科罰	基本的には司法手続による科罰	司法手続による科罰
処遇内容	個々の必要性に応じた処遇	収容処置に代わるプログラム	規定された罰・処分	規定された罰・処分	規定された罰・処分
中心となる専門家	少年保護専門家	少年司法（少年保護）専門家	法律家・少年保護専門家	法律家	法律家・刑事司法専門家
中心となる機関	社会福祉機関	関係機関の合同体	司法機関・社会福祉機関	司法機関	司法機関
機関の役目	診断	協調的介入	診断・科罰	科罰	施設収容・科罰
少年の行動理解及び判断原理	社会環境による病理	社会不適応	懲罰／処遇の提供（限定的）	個人の責任	個人の責任
司法介入の目的	処遇の提供（国親思想）	再教育	懲罰／処遇の提供	懲罰	社会の安全・応報・犯罪抑止
最終目標	個々の必要性にこたえる、更生	政策の実行	個人の権利の尊重／個々の問題の必要性にこたえる	個人の権利の尊重／懲罰	社会秩序の維持

1) Pratt, "Corporatism," The Third Model of Juvenile Justice" (1989) 29(3) *British Journal of Criminology*. pp.236-253.
2) Reid and Reitsma-Street, "Assumptions and Implications of New Canadian Legislation for Young Offenders" (1984) 17(1) *Canadian Criminology Forum*. pp.334-352.

Source : Corrado (1992). Copyright © Butterworths Canada Ltd., 1992. All right reserved. Reprinted by permission of Harcourt Brace & Company, Canada, Limited.

図 1　少年司法モデルの連続性

た。近年これらの国では制度改革が相次ぎ，別のモデルへの移行が進められてきていますが，現在でも依然として児童福祉モデルは大きな影響力を持っています。

このモデルでは，基本的には青少年の自己実現に焦点を当てていて，犯罪中心の生活からより建設的で社会に適応した生活へとライフスタイルを変えることを最終的な目標にしています。いわゆる「国親思想」の考え方を反映していて，一定の要件の範囲内で，国家が青少年の人生の幸福に対して責任を負うという考え方から派生したものです。

非行少年に対して，処罰や懲罰的な介入は極力避けるべきであるというのがこのモデルの基本的な考え方で，青少年やその家族，あるいは地域社会に対して，医学，心理学，教育学あるいはソーシャルワークといった分野の専門知識を生かした指導を行うことが望ましい効果を生むと考えます。ところで，非行少年へのかかわり方は，非行が何に起因しているのかという原因のとらえ方によって考え方が分かれるところで，非行原因論の違いによって介入方法の評価が分かれます。本章の2以下で，児童福祉モデルに関連した非行理論を検討していきますが，同モデル内でも非行少年への処遇や介入のあるべき姿についてさまざまな考え方があります。

児童福祉モデルの少年司法制度では，心理検査を用いて個々の非行少年の問題傾向を明らかにし，処遇が必要な問題領域を解明していきます。検査結果の検討を通じて，犯罪行為に結びついている個人の内面的な問題や，環境面に関する問題を明らかにしていくことになり，処遇方法の選択決定には欠くことができません。したがって，児童福祉モデルでは，心理検査は広範な役割を担っていると言えます。

1－2　共同体モデル

共同体モデルは，近年主に英国で展開されている少年司法制度で（Corrado 1992；Corrado and Turnbull 1992；Pratt 1989），英国以外ではカナダのケベック州の司法機関でも一部採用されています。共同体モデル

は，児童福祉モデルと同じように少年一人一人の問題に対して教育的な介入を行おうとしていますが，介入方法の判断を司法機関だけではなく，できるだけ地域内行政機関の共同体に任せようとしています。このモデルの最大の利点は，各専門機関の機能を統合して少年の危機に対処できるところにあります。

犯罪抑制モデルでは警察の役割が重視され，司法モデルでは法曹関係者の役割が重視され，児童福祉モデルではソーシャルワーカーなど福祉機関係者の役割が重視されているが，共同体モデルでは関与する機関を限定することなく関係機関が協力し合う体制を作っている。この共同体モデルでは司法機関以外の判断により，財産犯罪（窃盗他）や暴力犯罪にかかわった少年の中で，主に非行傾向の進んでいない少年に処遇プログラムを受けさせている。また，ケースは限定されるが，犯罪傾向の進んだ少年についても施設収容などのプログラムを検討して決めることもある（Corrado and Turnbull 1922, p.77）。

このモデルでも児童福祉モデル同様，多くの心理検査を活用して個々の少年の問題点を解明し，それぞれの問題傾向に適合した処遇プログラムを提供します。鑑別調査の対象は，犯罪傾向や過去の犯罪歴といった司法判断に直接的に結びつく要因だけにとどまらず，少年の感情・情緒，教育，社会環境など広範にわたって処遇や介入の必要性について調査します。

1－3　修正司法モデル

修正司法モデルとは，最近主に米国やカナダ国内の各州において発展している制度で，更生に向けて教育的な処遇を重視する児童福祉モデルと，一般市民の安全・権利保障や犯罪者の科罰といった側面を重視する司法モデルを統合したものです（Corrado and Markwart 1992；Corrado and Turnbull 1992）。そのような中でも，米国の少年司法制度は処罰的な色彩が強くなってきているのですが，それでも更生に向けた教育的な働きかけ

を行うという要素は残されています。

前述した児童福祉モデルおよび共同体モデル同様，この修正司法モデルにおいても心理検査の役割は重視されています。ただし，検査は社会・生活環境的問題や感情・情緒面における問題傾向を明らかにするだけではなく，処罰決定に資する非行要因の解明のためにも用いられています。

1－4　司法モデル

司法モデルでは，焦点が個々の少年の問題点や改善必要性の解明から，犯罪行為に対する司法の適正手続へと移り，少年の人権および法手続上の権利の保障を重視しながら犯罪行為に基づいて処分を決定します。更生に向けた教育的働きかけという要素を完全に排除するものではありませんが，犯罪行為に応じた処罰という点を第一に考え，その上で矯正教育について検討することになります。

司法モデル内では，刑罰のとらえ方で議論が分かれていて，再犯可能性の低減のために刑罰を科するという，いわば刑罰の効力を重視する立場と，単純に犯罪行為に報いるために罰を科し，その重さは犯罪行為の重大さや非難の大きさを反映するという応報的な考え方に基づいた立場があります。

これまで紹介してきたモデルとは異なり，司法モデルにおける心理検査の役割は限定的で，犯罪行為に関係して犯罪の軽重や非難相当性の判定にかかわるものに限られています。ただし，制度によっては審理の中で心理鑑別（検査）を義務づけている場合もあり，処罰の軽重にかかわる情状の査定，精神面における法的行為能力（または法的適格性）の鑑定，あるいは再犯可能性の査定などを行います。

1－5　犯罪抑制モデル

犯罪抑制モデルは，適正手続を重視する点や，犯罪行為に対して罰を加えることに重点を置いている点が司法モデルと似ていますが，法的介入に

対するとらえ方が異なっています（Corrade and Markwart 1992）。すなわち，このモデルにおける法的な介入とは，基本的に犯罪者に罰を加え，一定の法的資格や権限を制限することにより，一般の人々に犯罪行為を思いとどまらせて犯罪抑止に結びつけるものです。社会防衛や一般的な犯罪抑制が最優先されていて，警察，検察，裁判機関が中心的な役割を果たしています。

このモデルでは，累犯あるいは暴力犯罪に対して施設収容という刑罰を適用しますが，初犯あるいは軽いレベルの非行少年にはダイバージョン[4]等で対応することも可能です。ただし，他のモデルと異なり，一般的に犯罪者の更生に向けた働きかけは重視せず，このモデルに近い国の司法制度では，他の国で軽い犯罪と見なされているものでも重くとらえ，厳格な処罰を科することがあります。

犯罪抑制モデルにおける心理検査の役割ですが，一般的には犯罪の重大性の査定と，将来再び犯罪に関与する危険度（再犯リスク）の査定に限定されます。なお，この再犯リスクのアセスメントですが，後に説明しますように司法心理検査の中で最近著しく発展した分野の一つです。

1－6　司法決定の目的

以上，5つの少年司法モデルを紹介してきましたが，非行少年について，何のために司法決定を下すのかという点でそれぞれのモデルで基本的な考え方に明確な差があります。これら司法決定の目的は，心理検査や鑑別・調査の用い方に直接関係してくるので，少し整理しておきたいと思います。表1－1にまとめたように，司法決定の目的には，犯罪者の再犯抑止，一般人の犯罪抑制，隔離・収容による犯罪抑止，応報（被害者の受けたダメージに応じた処罰），法定量刑（法により定められた犯罪の重さに応じた量刑），被害の修復，更生・矯正があげられ，先に紹介した中では司法モ

訳注4）司法手続機関以外の行政機関などで少年犯罪者等の処分や措置を決定したり，社会内において処遇プログラムを実施したりすること。

表1−1 主要な司法決定の目的

司法決定の目的	概要
犯罪者の再犯抑止	罰を科すことにより，個々の犯罪者の再犯を抑止する
一般人の犯罪抑制	犯罪者が罰を受けるということを見聞きすることで，一般人の犯罪関与を抑制する
隔離・収容による犯罪抑止	収容処遇等で行動を統制することにより，処罰期間は犯罪敢行を抑止する
応報（被害者の受けたダメージに応じた処罰）	被害者が受けた痛みやダメージに相当する罰を科する
法定量刑	法により定められた犯罪行為の重さに応じて量刑を決定する
被害の修復	仲裁，和解，罰金，社会奉仕活動，賠償などにより被害を犯行前の状態まで修復する
更生・矯正	社会科学その他の人道的な教育処遇を通じて犯罪の原因となる問題傾向を改善し，再犯を抑制する

デルおよび犯罪抑制モデルでは犯罪者の再犯抑止，一般人の犯罪抑制，応報，法定量刑といった目的に応じるために司法決定が行われると考えられます。児童福祉モデル，共同体モデルおよび修正司法モデルでは，隔離・収容による犯罪抑止，被害の修復および更生・矯正のために司法判断を下すことになり，詳細な心理鑑別や社会調査が必要になります。これらの点については後にもう少し詳しく触れていきます。

2 少年非行理論

前述した各少年司法モデルはその背景にさまざまな非行理論を取り込んでいるため，非行の原因や問題傾向に応じた対応策などについて異なった考え方をしています。例えば司法モデルを例にとると，新古典的犯罪論（Neoclassical Theory of Crime）と言われる理論がその根底にあり，犯罪は欲求充足のために意図的に敢行されるもので，その抑止には犯罪行為による利得感を上回る罰の恐怖を与えることが効果的と考えます。一方，児童福祉モデルでは，非行の原因は個人や生活環境内で生じる家族関係，性格，行動上の問題が重なり合っていると考え，これら背景にある問題に適

した対応策を講じることが,非行抑止に有効と考えます。

　同一の少年司法モデル内に異なった非行理論が存在し,それぞれが正当性を主張して衝突することがあります。例えば,児童福祉モデルに近い司法制度には,精神力動／精神分析の流れをくむ心理学的犯罪論と,社会・経済的要因により犯罪が発生すると考える立場（例,アノミー論）があり,このような違いは,後に説明するように実際の鑑別・調査活動で特別な意味を持つことになりますので注意が必要です。

　犯罪行動・原因に関する代表的な理論を表1-2にまとめました。これは主としてAkers (1994), AndrewsとBonta (1994), MorrisとGiller (1987) らによってまとめられたもので,各理論の詳細についてはそれぞれの文献を参照願います。いずれも少年非行の原因を追及してきた過去の主要な研究や取り組みをまとめたものですが,これらの従来からの理論は,社会的関係,人間関係,あるいは心理的プロセスなど特定の側面のみに着目して分析を行っている点が批判されています。これに対して,近年では各種非行要因を統合して犯罪行動の分析に組み込もうとする試みが行われてきています（Elliot, Huizinga and Ageton 1985；Hawkins, Catalano and Brewer 1995；Henggeler 1991；Jessor, Jessor, Donovan and Costa 1991；Jessor and Jessor 1977；Le Blanc, Ouimet and Tremblay 1988）。次節で詳しく説明しますが,私たちもいくつかの非行理論を統合して「犯罪行為の人格／社会心理総合論」("The General Personality and Social Psychological Model of Criminal Conduct") という犯罪論を提唱しています（Andrews and Bonta 1994；Andrews, Bonta and Hoge 1990 [5]）。

訳注5）最新版は「The Psychology of Criminal Conduct, Fourth Edition, Andrews and Bonta, 2006」。

表1−2 主な犯罪行動理論

新古典的犯罪論 Neoclassical theories	犯罪とは意図的な行為であり，犯罪者は自らの意思で犯罪行為を選択する。
生物学的犯罪論 Biological theories	犯罪とは生物学的影響，すなわち生来の人格，情緒，行動傾向により生じた行為である。
心理学的犯罪論 Psychological theories	犯罪とは心理過程によって説明が可能な逸脱行動である。精神分析論と社会学習論は，犯罪行為の分析に用いられる代表的な心理学理論である。
経済・社会学的犯罪論 Economic/sociological theories	多くは社会的，文化的，経済的要因により犯罪が発生すると主張する犯罪論で，マルクス主義，アノミー論，レーベリング論，社会統制論が代表的な理論である。

3 最近の心理学的犯罪論

「犯罪行為の人格／社会心理総合論」では，非行・犯罪に至るまでのプロセスにさまざまな可変的な要因が階層化して存在していると推定し，それぞれの要因の特徴や要因同士の関係性について論じています（Andrews & Bonta 1994）。主要な可変的要因について紹介してみましょう。

非行・犯罪の発生過程を見てみると，犯罪が発生する直前にきっかけになる出来事が発生して，それに少年が反応するという段階があります。この直前の段階では，少年の中に取り込まれている損得の感覚が可変的要因として犯行の敢行に強く影響していて，これが直前の出来事に反応して犯行の引き金を引くかどうか決定すると考えます。これは，社会学習論（Social Learning Theory）の考え方を基に考案されたものです。

それ以前の非行や犯罪発生直前までのプロセスを分析してみると，非行発生に深くかかわっていると考えられる4つの可変的要因が浮かび上がってきます。まず，少年の態度・価値観・信念という要因があげられます。これらは犯罪学の研究ではそれほど注目されずにきていますが，非行・犯罪要因を考える上ではきわめて重要なものです。

態度・価値観・信念とは，犯罪を肯定的にとらえるか否定的にとらえる

かといった点の違いとも言え，それらが内面において行動統制の方向性を決定している。すなわち，態度・価値観・信念とは個人の行動基準に深くかかわり，犯罪を選択するかしないか決定すると考える。それは，特定の状況において行動選択を正当化する理由づけとして，あるいは逆に行動を選択しない理由づけとして用いられるものである。(Andrews & Bonta 1994, pp.123-124)

犯罪者の態度に関する研究につきましては，後にもう少し詳しく触れてみたいと思います。

第2の要因として，仲間との交際の状況があげられ，犯罪性を帯びた仲間と付き合っているかという点が，非行・犯罪に深く影響を及ぼしていると考えます。友達や仲間，あるいは両親や兄弟等身近な関係者が反社会性を帯びている場合，犯行の引き金を引くかどうかの判断に影響を及ぼすとともに，前述した態度・価値観・信念の形成にも影響を及ぼして，間接的ながら犯罪敢行に結びつくと考えます。

第3の領域として，過去の行動歴を取り上げます。過去の非行・犯罪から犯罪行動を学習し，それが次の犯罪敢行に深く影響するようになるということです。過去の非行・犯罪の経験は，少年たちの認知や行動傾向にさまざまな影響を及ぼし，特に，犯罪直前に生じる出来事に対する反応を大きく左右すると考えられています。

最後の領域として，個人の能力適性や性格特性をあげることができます。中でも非行・犯罪とかかわりが深いものとして，知的能力，性格の偏り，衝動傾向，神経症傾向，攻撃性があげられるでしょう。程度や状況によって差はありますが，これらの資質的な特性や傾向が犯行に至りやすい状況を作り，最終的に少年を犯罪へと結びつけると考えられます。

以上，主要な4つの可変的要因の領域について述べてきました。次に，犯罪との関連性という点では少々間接的ですが，これら以外の要因として家庭環境と教育を取り上げてみます。まずは家庭環境，特に親子関係ですが，これは一般的に少年の態度，性格，行動傾向の形成に深くかかわって

いると考えられ，その発達状況によっては犯罪に影響するようになります。家庭環境がより直接的な犯罪要因になる場合も考えられ，特に，家庭の監督能力が欠落しているような場合など，少年が非行・犯罪に陥りやすくなります。

　教育面では，成績，学校適応，学習態度といったものが，反社会的傾向の形成に関係しています。犯罪との結びつきは直接的なものではなく，他の要因と複雑にからみ合って犯罪に関係してくると考えられます。

　次に，「犯罪行為の人格／社会心理総合論」では，アセスメントの結果，少年を分類[6]することが，処遇・介入方法の選択に結びついている点について説明します。同論では分類における基本的なものさしとして，表1－3にまとめた，1）リスク[7]による分類，2）ニーズ[8]による分類，3）資質・能力面の準備性や反応性（Responsivity[9]）による分類，4）専門家による最終判断の4種類を提唱しています。

　犯罪行動と因果関係の強い要因をリスク要因と呼び，統計的調査によって最近の非行少年の代表的なリスク要因を割り出した上で（表1－4），各少年をリスクの度合いによって分類して処分や介入レベルを設定することをリスク原理による分類と呼びます。これは介入の頻度や密度，あるいは警備レベルの判断に少年のリスクの度合いを反映させるという考え方で，司法心理領域の心理検査では，このリスク要因の査定が重要な課題と考えられています。

　次に，ニーズ要因ですが，これは今後の働きかけ次第で変化する可能性がある犯罪要因を指し，ニーズ要因として指摘された問題の傾向や程度を下げることで非行・犯罪を減少させると考えます。参考までに，最近の研究結果から犯罪抑制に有効と言われる主要なニーズ要因を表1－5に掲載

訳注6）タイプに分けて類型化すること。
訳注7）Risk　再非行や再犯に至る危険度のことで，本書では以下「リスク」と呼ぶ。
訳注8）Need(s)　改善が必要な問題領域のことで，以下「ニーズ」と呼ぶ。
訳注9）Responsivity　教育・改善プログラムの内容を理解して吸収する能力を指しており，以下「反応性」と呼ぶ。

表1-3 分類・鑑別の4原則

リスクによる分類（Risk principle of case classification）	再犯リスクの高い者には密度の濃い徹底した処遇プログラムを提供する必要がある。再犯リスクの高い者には集中的に教育を実施するプログラムが適しており，再犯リスクが低い者には介入度の低いプログラムが適している。
ニーズによる分類（Need principle of case classification）	処遇プログラムの内容は，個人の必要性，すなわち犯罪の発生要因となっている個人の問題特性に焦点を当てる必要がある。再犯の可能性を減ずることを最終目標とするのであれば，問題レベルがある程度下がった段階で目標を再設定し，処遇内容を変更するといった対応が効果的である。
反応性による分類（Responsivity principle of case classification）	指導方法や処遇内容は，犯罪者側の知的能力や学習能力のレベルに合わせる必要がある。犯罪発生に関係する問題点のみに焦点を当てて処遇を実施するのではなく，受ける側の適性に注意して，指導を理解して受け入れ，状態を改善しやすいように，処遇方法を調整するのが専門家の務めである。
専門家による最終判断（Professional override）	リスク，ニーズおよび資質面の準備性について考察した後，最終的に専門家が現状に適した処遇方法を選択する必要がある。

Andrews et al.（1990）

表1-4 「犯罪行為の人格／社会心理総合論」における主なリスクおよびニーズ要因

反社会的／犯罪肯定的な態度，価値観，信念，思考の好み（例：個人的に犯罪を肯定する考え方を好んでいる等）

犯罪肯定的な仲間との交際，社会適応をしている仲間からの孤立（例：交際仲間が犯罪を肯定している等）

人格障害，社会性の低さ，衝動性，落ち着きのなさ，攻撃性，自己中心性，言語性知能の低さ，危険を好む性格，問題解決能力の低さ等，性格・人格面における犯罪と結びつきやすい傾向。

過去若年時から，さまざまな場面において，多様なタイプの犯罪・問題行動に関与している。

家族の犯罪傾向，家族の心理・性格的問題傾向（特に愛情不足，養育放棄，家族関係の希薄さ），両親の監督力不足，しつけ不足，虐待

個人的な教育，就業，経済面における成功体験の希薄さ（特に就業面の不安定さ）

Andrews and Bonta（1994）

します。ニーズ原理による非行・犯罪少年の分類とは，処遇プログラムを考える際に，各少年の改善すべき問題に焦点を当てて，それらの問題傾向に対処する指針を作成することをさします。これについては，後にニーズ要因の査定の重要性を詳しく説明いたします。

　少年の反応性に基づいた分類とは，必ずしも直接的に犯罪行為に関係す

表1-5 「犯罪行為の人格および社会心理モデル」における有効な改善更生目標

反社会的態度の変容
反社会的感情の変容
反社会性を帯びた仲間の減少
家族との親密な関係の向上およびコミュニケーションの増進
家族による指導監督力の向上
虐待(養育放棄も含む)からの保護
犯罪否定的な社会モデルの承認と,同モデルとの接触の機会の増進
自己統制力,自律力,問題解決力の向上
「うそをつく」「物を盗む」「相手を攻撃する」といった行動傾向を,社会適応的な行動に転換する
薬物依存の低減
家庭,学校,職場および余暇等の場面で,社会適応的な活動の重要性について,少年個人において,あるいは身近な人間関係において認識が深まり,それらに時間や資金を費やす比重を高める
慢性的に精神面の障害を負った少年に対し,保護的な施設やサービスを提供する
危機的状況を察知する能力を伸ばし,そのような状況から脱することが可能な具体的かつ効果的な方法を少年に身につけさせる
公的な保護措置に対する少年個人および社会の抵抗に対処する(例:少年の動機づけへの働きかけ,有害な阻害因子となっている偏見への対応他)
リスク,ニーズに関する個別の鑑別結果において明らかにされた,非行・犯罪の背景要因となっている少年個人の問題点や環境面の問題点の改善

Andrews and Bonta (1994)

るものではありませんが,介入方法を考える際に慎重に考慮しなければならないものです。代表的なものとして,少年の思考力や理解力,人格の偏り(人格障害他),不安レベル,処遇に対する動機づけなどがあげられます。このような側面に注意を払いながら処遇の形態や方法を選択することで,処遇効果をあげることができると考えます。

以上,「犯罪行為の人格/社会心理総合論」における分類・鑑別の原理について簡単に触れましたが,基本的に処遇や介入方法の決定においては,これらの分野すべて,すなわちリスク,ニーズおよび反応性に関する詳細な鑑別・調査の結果を総合的に検討するべきであり,方法論においては反応性を,また目標設定においては少年に特有なニーズ要因を十分に考慮する必要があると言えるでしょう(Andrews & Bonta 1994;Andrews et al. 1990)。そして,最終的には,当該少年のケースを担当する専門家が,鑑

別・調査の結果を踏まえて判断するべきであると考えています。

　この理論は，総合的かつ柔軟な非行・犯罪理論と言えるかもしれません。総合的というのは，過去の主要な非行・犯罪理論で非行要因として指摘され，各種統計的な研究（同じ対象を長期間追跡した研究や社会内の各階層を横断的に調査した研究等）においても，非行との関連性が強いと検証された非行要因を網羅しているからです（Andrews and Bonta 1994；Andrews, Hoge and Leschied 1992；Hawkins, Catalano and Miller 1992；Henggeler 1989, 1991；Kazdin 1987；Loeber and Dishion 1983；Loeber and Stouthamer-Loeber 1986, 1987, 1996；Yoshikawa 1994）。

　また，柔軟的というのは，この理論では非行・犯罪行為に影響を及ぼす要因は人によって異なり，さらに同一個人内でも発達段階によって異なってくると考えているからです。例えば，反社会傾向を帯びた仲間の存在は，特定の少年には非行や犯罪への関与に決定的な影響を及ぼしますが，特別影響を受けない少年もいます。あるいは，12歳の少年にとって親子関係の希薄さは非行に直接的な影響を及ぼすでしょうが，思春期に入ると直接的な要因ではなくなる場合もあります。

　「犯罪行為の人格／社会心理総合論」は，少年の反社会的な行動に影響を及ぼす要因をまとめるのに便利ですが，批判がないわけではありません。例えば，社会的地位，経済的地位，民族的背景，家族構成員のストレスなど，この理論で重視していないものについて，非行・犯罪の要因として考えるべきであると主張する研究者がいます。私たちは，これらが少年の犯罪行為に影響を及ぼすことを否定しませんが，いずれにしても間接的な影響にとどまり，実際には本理論が提唱する中核的な要因が犯行に影響を及ぼしていると考えます。

　また，本理論では非行や犯罪を抑制している健全で保護的な要素に着目した検討は行われておらず，この点についても今後解明すべき課題と言えるでしょう。リスクが高い状況にあっても，場合によっては保護的な要素が働いて危機を回避することが可能な場合もあるからです（Hoge, Andrews and Leschied 1996 ; Luthar 1993 ; Rutter 1987, 1990)。

　最後に，別の課題についてお話しします。昨今の社会学，発達心理学，あるいは社会心理学における研究手法の発展は目ざましく，少年の発達論では反社会的行動が生じるメカニズムについて解明が進められてきています。しかし，本理論では，まだ十分に非行・犯罪と背景要因との関係性，あるいは各要因同士の関連について説明しきれていないところがあります。例えば，親子関係の質と非行とは明らかに関係していると考えられますが，なぜ親子関係の質の低下が非行に作用するのか，といった点について明確に説明されてはいません。

　「犯罪行為の人格／社会心理総合論」にはこのような課題が残されていますが，非行・犯罪少年の鑑別・調査，あるいは処遇・介入の選択に深くかかわっていて，先述した児童福祉的モデルや修正司法モデルでは有意義な非行・犯罪論ととらえられてきています。残された課題を含めて，今後も司法領域におけるこのモデルの意義について考察を深めていきたいと思っています。

第2章 少年司法制度における決定プロセス

　少年司法では，警察の捜査段階から最終的な処分決定までの全過程を通じて，判断や決定を要する事項が連続すると言えるでしょう。その中で次の1～4の重要な判断事項については，すでにお話ししてきました。

1. 少年司法制度の目標設定
2. 目標達成に結びつくと想定される処遇・介入方法の決定
3. 対象少年の資質や態度が処遇方法に適しているかどうかの判断
4. 処遇方法に関する最終判断

　これらの事項に関して，適切さや妥当性を欠く判断が下されることがあるのですが，大まかに次のような場合が考えられるでしょう。まずは処遇方法の適否の想定が誤っている場合，次に下された判断そのものに妥当性を欠く場合，そして同一の司法制度内で判断基準が一致していない場合が考えられます。本書では，特に最後の2点について着目して，標準化あるいは体系化された心理検査を有効に活用することで，司法手続上の判断や決定の妥当性を担保し，判断基準の一致を図り，少年に関する判断の質を高めることができることを解説していきます。

　まず，少年司法手続上の判断・決定プロセスとはどのようなものなのか，代表的な決定事項に沿って整理してみたいと思います。その上で，それらの判断の基礎になる少年の適性や環境面のアセスメントについて述べていきます。最終的には判断形成のプロセス全体について説明していきますが，こちらについては，後の章で心理検査が司法手続の判断形成で果たす役割

表2-1　少年司法手続において規定されている主な裁定事項

警察による捜査手続	裁判判決
釈放	棄却
警告付釈放	刑事裁判手続へ移送
逮捕	精神保健機関へ移行
逮捕および拘留	有罪／無罪の判決
インテーク／判決前手続	処分／措置内容の決定
捜査中止	不処分
警告付釈放	警告／叱責
ダイバージョン決定	罰金／賠償
検察官送致	保護観察
未決拘留	開放的施設における処遇
	閉鎖的施設における処遇
	その他の処分

について解説する際にもう一度触れることになります。

1　司法手続における判断

　少年司法手続の各段階で主にどのようなことを判断し決定しなければならないのか，表2-1に概要をまとめてみました。世界各国の少年司法制度すべてでこの表のとおり判断・決定が行われているとは言いかねますが，英国，米国およびカナダでは一般的に実施されていると言えるでしょう。
　それぞれについて解説をしていきたいと思いますが，このような決定・判断手続の多くは法律や実施細則などによって規定されていますが，一方で判断者の裁量が広く認められる部分が多いという点だけ指摘しておきたいと思います。

1-1　警察による捜査手続段階

　通常のケースでは，最初に少年犯罪者と接触するのは警察ですが，中には家族，学校，少年保護関係機関あるいはその他の公的機関が最初に非行

や犯罪を認知し，それらの機関からの報告や訴えによってケースが取り上げられることもあります。警察には以下の点について決定を下す権限が与えられています（Doob and Chan 1982 ; Frazier and Bishop 1985 ; Giller and Tutt 1987）。すなわち，少年を釈放するかどうか，警告を付して釈放するかどうか，あるいは逮捕するかどうか，逮捕後身柄を留置するかどうかといった点について判断しますが，さらに制度によっては司法手続以外の処置に移行させるダイバージョン[10]を行うかどうか判断する権限を与えられているところもあります。

1-2 インテーク／判決前手続段階

　この段階では，通常警察による逮捕の次の段階の措置，すなわち捜査中止や検察官送致等の各種措置を決めることになります。いずれの決定プロセスも法により定められていますが，司法制度によってかなり違いがあります。例えばダイバージョンの決定等について警察に幅広い裁量権を与えている制度がある一方で，捜査中止・続行のみ判断できるとする制度もあります。ダイバージョンの選択肢が多い制度としてカナダのオンタリオ州を例にとると，対象少年に関して犯罪予防教育への参加，再犯予防に向けた作文やポスターの作成，社会奉仕活動への参加，被害者への謝罪，損害賠償を含む被害の修復，慈善金の献金，地域プログラムへの参加といった措置を選択できます。

　この段階で事件に関与する専門家についても司法制度によって異なっています。例えば，原則として警察官と検察官に判断を任せている制度がある一方で，保護観察官のように，司法機関とは別の行政組織で少年保護を担当する専門家が決定を行う場合もあります。第1章の少年司法制度モデルの中で共同体モデルを紹介しましたが，共同体モデルではインテーク段階で法律家ではない心理士やソーシャルワーカーといった専門職が事案に関与する必要があると強調しています。

訳注10）訳注4）p.022を参照。

1-3 裁判決定

　法制度によって用語が異なりますが，少年司法の公判手続における決定内容をまとめてみますと，棄却，成人の刑事裁判への事件移送，精神保健制度への移行，処罰（あるいは保護・教育的処分）や，無罪（あるいは不処分）の決定といったように，その種類は比較的限られたものになります。

　ただし，これらの決定に用いられる基準は制度によってかなり差があり，中には決定基準を明瞭に示すことが難しい場合もあります。少年事件を成人裁判手続や精神保健制度に移す場合などは，手続が複雑で判断のガイドラインを明確に示すことが難しいようです。米国内の各州の司法制度間の相違についてはGrissoとConlin（1984）およびMulvey（1984）の研究が，カナダ国内についてはBala（1992）およびRogersとMitchell（1991）の研究が参考になるでしょう。

1-4 処分／措置内容の決定段階

　表2-1には処分等の決定が下された後の少年の処分・介入措置の種別を掲載しています。ごく大まかなものしか載せていませんが，その内容や性質は多岐にわたっています。例えば，身柄を拘束しない社会内処遇についても社会奉仕活動等もさまざまな種類がありますし，施設収容処遇についても，拘禁度の高い閉鎖的な施設から開放度の高い施設処遇などが考えられ，また開放的施設の処遇方法も内容はさまざまです。

　処分・措置を決定した後にも判断が必要な事項は多く，例えば保護観察の期間や施設収容の期間，保護観察における生活管理等介入のレベル，収容施設の保安レベル，あるいは処遇・介入プログラムに関する裁判所の勧告や命令といった点についても検討して決めていかなければなりません。

　処分や措置に関する裁判所の決定内容は，一般的には法的な枠組みによって規定されています。さらに，程度の差はありますが，それぞれの処分や決定内容の運用方法についても，規則により規定されていることが多い

でしょう。例えば，カナダでは犯罪少年法（The Youth Offenders Act of Canada）に施設収容基準が示されていて，一定の要件が満たされない限り，拘禁施設に少年を収容できないことになっていますし，収容期間の設定についても基準を設けています。ただし，このような処分や措置の運用方法について，決定者の裁量に任されている制度も少なくありません。

　それでは，どのような専門家がこれらの決定に関与しているかという点について説明しましょう。最終的な処分決定は，裁判官が行う場合がほとんどですが，法律の専門家である検察官や弁護士も裁判官から意見を求められることが多く，また，少年や児童に関する専門家，すなわち保護観察官，ソーシャルワーカー，心理士も意見を求められることが多いでしょう。判決前調査を実施している制度では，保護観察官など[11]が調査を実施して報告書を提出しなければならず，最終決定ではその報告書が大きな影響を及ぼすことになります。社会内や施設内で実際に少年の指導を担当する職員は制度によってまちまちですが，多くの場合保護観察官，ソーシャルワーカー，心理士，児童福祉司，あるいは矯正職員などに任されることになります。

2　少年の資質あるいは環境に関する鑑別・調査

　これまで見てきましたように，司法手続ではどの段階でも少年の資質や環境について調査を行い，それらに基づいて一定の判断を下す必要があります。例えば警察官が万引きをした少年を補導し，その少年を自宅に帰すかどうか判断する場合に，1）犯罪が軽微かどうか，2）少年が反省しているかどうか，3）呼び出された親が責任ある対応をしているかどうか，4）被害にあった店員が警察官の判断に同意しているかどうかといった点について検討しなければなりません。あるいは，現行犯で逮捕されて起訴

訳注11）日本における少年司法制度では家庭裁判所調査官や少年鑑別所が調査を行っている。

された少年について，裁判官が処分か不処分で迷う場合には，1）少年にとって初めての犯罪だったかどうか，2）少年が高いレベルの精神的な発達と知的能力を示しているかどうかといった点を検討する必要があるでしょう。いずれの場合も，少年の適性，性格，行動，あるいは態度に関する調査結果や，犯罪傾向，家庭環境，あるいは地域社会といった少年の行動に影響を及ぼす諸要因について鑑別・調査を実施した上で，法廷の審理の一部として検討が加えられ，その結果を踏まえて最終決定を下すことになります。

2-1　犯罪レベル

　修正司法モデル，司法モデルおよび犯罪抑制モデルを採用している少年司法制度では，犯罪レベル（犯罪の軽重の度合い）の判定を重視します。程度の差はありますが，これらの制度では処罰という側面を重視していて，犯罪レベルと処罰との関連性を明確にして収容期間など罰則の軽重を決定するようにしています。司法モデルや犯罪抑制モデルで重視している応報論的な考え方でも，原則的に判決は犯罪レベルや非難相当性をベースに決定すべきとしていて，犯罪レベルに応じて罰則の軽重を決定しています。

　このように，少年司法手続では犯罪レベルの判定も重要ですが，実際にそれを判断する場合には困難な面もありそれ程簡単にはいきません（McDermott 1983）。客観的に犯罪レベルを測るものさしが存在しないところが最大の難点で，仮に財産犯や暴力犯といった犯罪種別で分類したとしても，分類が大まかすぎて問題の解決になりません。実際には財産犯罪が暴力犯罪よりも重いケースは多く，例えば，被害者の生活にとって非常に大切なものだと知りながら，身勝手にもその生活必需品である自転車を盗んだケースと，学校内で友達とけんかをして殴ったが，すぐに悪かったと思って仲直りをしたケースを比べてみれば，どちらの犯罪レベルが重いかは簡単に判断できないことがわかるでしょう。

　このように，犯罪レベルを裁定する場合には，犯罪行為そのものととも

に，それ以外のさまざまな犯行要因をすべて考慮に入れて判断していかなければいけません。それは非常に難しいものではありますが，司法実務の蓄積や実証的な研究によって，判断の指標を作ろうとさまざまな努力がはらわれてきました（McDermott 1983）。例えば，実践的な指標としてはFBI粗暴犯罪指標（The Violent Crime Index of the FBI）があり，また実証的な指標としてはSellinとWolfgangによる犯罪傾向の指標（Sellin and Wolfgang 1964）が有名で，犯罪の軽重に関連する諸要因を一つの指標の中にまとめています。ただし，犯罪レベルの判断で最も重要な要素を一つあげるとすれば犯罪行為ということになり，そこにかなり焦点を絞って指標を作っているので，心理学や精神保健関係といった専門家の出番は限られたものになっています。おそらくこれからも犯罪レベルの裁定という面では，司法の論理が優先されることでしょう。

2−2　処分の軽重に関連する要素

　通常処分の軽重の判断には，犯罪行為だけではなく犯罪者個人の背景要因など広範な調査が必要で，その調査結果は処分に限らず少年司法手続のその他の決定事項にも影響を及ぼします。多くの司法制度で犯罪少年固有の背景要因が処分の軽重に影響する中で，犯罪抑制モデルに近い制度は例外で，特に犯罪抑止や応報罰を重視する制度の場合，処分の軽重の判定に犯罪行為以外の要素を取り込むことはあまり考えられません。

　処分を重くする要素とは，犯罪行為の悪質さを強調するもので，逆に軽くする要素というのは，犯罪行為の悪質な印象を軽くさせるものです。次のような例が考えられるのですが，処分の軽重の判断に関係する要素とは，犯罪にまつわる諸側面の程度と考えることができます。

1. 被害者の受けたダメージ
2. 暴力のレベル
3. 加害者の犯罪・非行歴

4．共犯者数
　5．加害者の特性（例：年齢，精神状態，情緒的な成熟度合い他）

　これらの要素が判決や司法判断にどのように影響するかは，それぞれの制度で法律や規則等で規定されていて，中にはどのような場合に判決や処分を重くするか，あるいは逆に軽くするかということについて，あらかじめガイドラインで定めていることもあります。ただし，実際のケースではこれらの要素をどのように扱うかは裁判官の裁量にまかされていることが多く，またさらに詳細に個々のケースを見てみると，少年を担当している心理学や精神医学の専門家の考え方が裁判官の判断に影響を及ぼすことが多いようです。したがって，判断・決定の形成過程というのは，実は非公式で非定型的な判断が影響する可能性が高いと言うこともできます。
　心理学や精神医学の専門家は，知的障害の査定のように，心理検査等を用いて客観的で体系的な情報を提供して，判決や処分の軽重に影響を及ぼすことができます。信頼性や妥当性の高い検査技法を開発して，処分の軽重に関して質が高く一貫性のある情報を提供する努力を続けることも大切で，いくつか有効な検査技法について，後で詳しく説明したいと思います。

2-3　精神状態や成熟度

　非行・犯罪少年の精神面の障害の程度や，犯罪行為に影響を及ぼす精神的な成熟度の判定は，判決や処分の軽重の判断材料になり，判決前調査や判決後に処遇方針を決定する際に深くかかわっています。これらは精神・心理学領域の問題ではありますが，法律家により一定の判断を下す必要がある場合もあり，制度によっては裁判官が精神障害を持つ非行少年の処遇指針まで踏み込んで決定することもあります。また，精神障害の診断や知的能力の発達，あるいは道徳性の成熟度の推定は，少年が法廷の審理に耐え得るかどうかの判断，あるいは処分を理解した上でそれに同意できるかどうかの判断，さらには成人の公判手続への事件移送の決定を下す際にも

深く関係しています。

このように，精神障害や認知能力の発達の判断は，司法手続的には非常に重要な要素と言えますが，一方でその概念にはあいまいなところが残されており（Rogers and Mitchell 1991；Webster, Rogers, Cochrane and Stylianos 1991；Woolard, Gross, Mulvey and Reppucci 1992），精神医学や心理学の専門家であっても判定に困難を感じることがあります。

2-4 リスクレベル

リスクレベルとは，再び犯罪行為やその他の問題行動（他者への粗暴な言動や自らを傷つける行為）に及ぶ危険性の程度を指していて，その判定はこれらの行為の発生要因を特定する情報に基づいて検討されます。リスクレベルの判定は，少年司法手続のどの段階においても必要な情報ですが，これも裁判所の最終決定や処遇方針の決定には不可欠と言えるでしょう。リスクレベルの判定に基づいて，処罰や処分の程度（社会内での処遇，開放施設における処遇，拘禁施設における処遇など），処遇指針，処遇期間，そして処遇における介入密度（レベル）等が検討されます。

少年司法制度のモデルでは，修正司法モデル，司法モデル，犯罪抑制モデルのように，将来の非行や犯罪の抑止に重点を置いているモデルでリスクレベルの判定を重要視しています。リスクレベルをどのように活用するかはそれぞれの司法制度によって異なりますが，法律や過去の判例等で活用方法が規定されることが多く，また制度によっては，少年の再犯リスクレベルと収容施設の拘禁レベルや処遇・介入密度などの関係を明確に示したガイドラインを設けているところもあります。一例をあげると，カナダの刑法では判決前の少年について，次の要件を満たす場合のみ身柄を拘束して収容できると規定されているため，リスクレベルの査定の重要性がガイドライン等で強調されています。

　　（少年の身柄の拘束については）まず，（a）裁判所への出頭を確かにする

ことが難しいかどうか詳細に検討し，次に，（b）地域社会の安全の確保のため，被告少年が社会で再び犯行に及んだり，司法手続の遂行を妨げたりする可能性があるかどうか検討して判断する。
（カナダ刑法第515条（10））

リスクアセスメントの研究では，精神科医や心理学の専門家が重要な役割を担っています。過去のリスクアセスメントは主観的で方法が明確に定められていないものが多く，信頼性や妥当性が担保されていないと批判されるものがありましたが（Baird 1985；Clear 1988；Clements 1996；Glaser 1987），近年この分野の理論および実践面における進歩は目ざましく，実施方法が明確に定められ，信頼性や妥当性が担保された検査が考案されています。これは，全般的に社会科学の研究方法が進歩したことと，犯罪の原因に関する理論的，実証的な研究が進んだことに負うところが大きいと言えます。特に成人犯罪ではその発生原因の分析が進められていますが，少年非行・犯罪に関する研究も追いついてきていると言えます。

2-5　ニーズ

児童福祉モデル，共同体モデルおよび修正司法モデルに沿った少年司法制度では，少年の改善更生を最終的な目標にしています。具体的な手続は異なりますが，いずれも少年の内面や環境面で非行や犯罪敢行に結びつく問題を特定し，教育的あるいは治療的なプログラムによってこれらの問題傾向を軽減させることが重視されています。したがって，改善が必要な問題点を明確にすること，つまり各少年のニーズの特定が不可欠になります。

社会学や心理学をベースにした犯罪論は，非行や犯罪の原因を探究して明らかにしようとします。それぞれの学説で非行要因は異なり，社会学的アプローチでは，犯罪の根底に社会的・環境的な問題があり，環境を良い方向に変化させることで犯罪リスクを軽減できると考えます。一方で，心理学的アプローチでは，問題の原因は少年自身の内側か，ごく身近な人と

の関係の中にあると考えます。いずれにしても特定の問題を犯罪要因として設定しているので，改善すべき少年のニーズ（問題点）もそれぞれかなり限定的に設定しています。一方，少年の問題行動の背景には実に多くの要因が関係しているので，それらを総合的に分析する理論も出現しています。このように幅広く背景要因を検討するほうが，ニーズの特定には有効であると考えることができます。

　前述した「犯罪行為の人格／社会心理総合論」("The General Personality and Social Psychological Model of Criminal Conduct" Andrews and Bonta 1994 ; Andrews et al. 1990）では，リスク要因の中で教育的な介入等によって改善することが可能で，それにより犯罪行為などの問題行動傾向を改善することができる可変的なものをニーズ要因と呼び，一人一人の少年のニーズ要因に適切に対応できる処遇方法を慎重に選択することで，有効な介入方法を特定できると考えています。そこで過去の研究の中で犯罪の要因として特定された問題を分析して，できるだけ多く犯罪発生にかかわるリスク要因として取り込み，それらの中からニーズ要因を導き出そうとします。

　ニーズ要因を検討する場合，特に心理や精神保健分野の専門家の果たす役割が大きいと言えるでしょう。次章では，少年個人の資質面や環境特性の中でニーズ要因を特定するのに効果的な心理学的検査法について説明しますが，個人の資質面では，性格，知的能力，あるいは思考能力といった点に焦点を当て，また環境特性としては，保護者の養育スタイルや家族関係といった側面に焦点を当てて，どのような検査方法があるか検討していきます。さらに，近年発達し，幅広い分野にわたる犯罪要因を統合するのに有効な検査技法についても説明を加えていきたいと思います。

2−6　反応性[12]

　反応性は犯罪行動とは直接因果関係のないもので，知的能力，読解力，精神障害の有無やそのレベル，あるいは処遇や介入に対する動機づけや改善への意欲といった少年の特徴をさします。特に教育や福祉に重点をおいている司法制度下では反応性の査定を非常に重要視していて，各種プログラムに対する少年の反応力や学習能力を明確に把握し，その情報に基づいて処遇方法を選択するべきであると考えます。

　反応性の査定では心理士や精神保健の専門家の役割は大きく，個々の少年の更生に役立つ介入方法を明確にして，各プログラムへの少年の反応性をベースに処遇方針を立てることになります。知能，性格，態度といった側面が反応性に関連していると言われていますが，これらの査定でも信頼性や妥当性が保たれた心理検査を利用することができます。

　改善更生への意欲も反応性の一要素と考えられていて，司法制度によっては改善更生への意欲の査定が法律で定められることがあります。自発的に改善更生に向けて処遇や教育を受けようとしているかどうかという点について少年の姿勢や態度を査定するわけですが，特にダイバージョンの可否，あるいは成人の刑事裁判手続への事件移送の必要性の判断等において，そのような側面の査定が重要と考えられています。一方，法律や判例で改善更生意欲等の概念を規定することは難しく，基準があいまいなためアセスメントを担当する専門家が難しい判断を迫られることもあります（Leschied, Jaffe, Andrews and Gendreau 1992；Melton, Petrila, Poythress and Slobogin 1987；Mulvey 1984；Rogers and Mitchell 1991）。いくつか反応性に関係する検査が開発されていますので，後に紹介していきます。

訳注12）訳注9）（p.027）参照。

3　判断形成プロセス

　以上，少年司法手続で明確にしなければならない事項や，それらを判断する基礎となる分析方法，あるいは調査・鑑別手法について概略を紹介してきました。次に，少年に関して司法判断を形成するプロセス，および適切な処遇方法を選択するプロセス（以下，判断形成プロセスという）について説明していきます。判断形成プロセスに関する研究（Binder, Geis and Bruce 1988 ; Corrado and Turnbull 1992 ; Gottfredson & Gottfredson 1988 ; Grisso and Conlin 1984）では，次の点について指摘しているものが多く見られます。

1．少年司法の判断では，担当者の裁量の幅がかなり広く認められている。
2．非系統的で非定形的な調査・鑑別手法に頼る傾向がある。
3．同一制度内においても，担当者個人あるいはその立場によって司法の目的やその意義に関する見解にかなり開きがある。

　これらは，少年司法の各段階において，すなわち警察段階（Dannefer and Shutt 1982 ; Doob and Chan 1982），ダイバージョン決定段階（Carrington, Moyer and Kopelman 1988 ; Thomas and Fitch 1981），あるいは最終決定段階（Doob and Bearliea 1993 ; Hoge, Andrews and Leschied 1995 ; Niarhos and Routh 1992 ; Schissel 1993）において存在している問題と言えます。
　ほとんどの制度では，少年事件に関する手続を法律や規則によって規定していますが，その一方で警察官，検察官，裁判官等実際に現場で判断を下す人の裁量の幅が広いとも言われています。生身の人間を取り扱う場合には，ある程度柔軟な裁量が必要になりますが，裁量の幅が広くなり過ぎると事件ごとに調査・鑑別手法が異なったり，判断形成プロセスに差が生じたりする可能性が高くなります。その結果，司法判断において一貫性や

整合性を失ったり，対象者の処分や処遇に不平等が生じたりします。原則的に法による平等な取扱いを保障している制度下で，ケースごとに取扱いに差異が生じることは望ましいことではありません。

また，未だに多くの少年司法制度で非定形的で非系統的な鑑別・調査手法に頼りがちなところがあり，対象少年との個別面接の結果だけでアセスメントを行うことがあります。資質の鑑別・調査技法に関する研究では，面接や行動観察で得られた主観的な情報のみで対象少年の資質面の鑑別を行った場合，調査者ごとに異なった結果が出て信頼性や妥当性に欠けた結果になりやすいことが明らかにされています（Cline 1985；Dawes, Faust and Meehl 1989；Garb 1989）。特に，精神障害のアセスメント（Garb 1989），教師他による生徒の人格・適性に関する調査（Hoge and Coladarci 1989），あるいは職業適性に関する調査（Harris 1989）において，面接等における臨床的な判断に頼りすぎると誤りが生じる可能性があります。

少年司法では判断を形成していくプロセスそのものの妥当性をきちんと検証した研究は非常に限られていますが，少なくとも主観的なアセスメントに基づいた判断の信頼性や妥当性が高いということは難しいでしょう。むしろ，判断する人によって決定や判断にばらつきが生じやすく，判断形成プロセスや鑑別・調査プロセスにおいて一貫性に欠けてしまう場合が多いと考えられます。

言うまでもなく判断や査定の妥当性は，少年審判の最終決定の質を左右する重要な要素です。例えば，再犯の可能性に基づいて施設収容の可否を判断する場合，再犯リスクに関して妥当性のある調査方法を行っているかどうか，すなわち調査方法が再犯リスク度を適切に測ることができているかどうかが重要なポイントになります。同様に，治療プログラムが対象者に有効かどうか判断する場合，その対象者の精神・心理的問題傾向の調査の妥当性，すなわち内面の問題性を正確に鑑別できているかどうかが重要なポイントになります。前述したように，従来から少年司法制度では主観的な調査手法に頼りすぎるところがあり，そのために対象者に当てはまら

ない判断を下し，不適切な最終決定が導き出されることが少なくありません。

判断形成プロセスに関する研究（Binder, Geis and Bruce 1988；Corrado and Turnbull 1992；Gottfredson & Gottfredson 1988；Grisso and Conlin 1984）で指摘されている最後の点ですが，少年司法では同じ制度の中でも関与する人によって目的意識が異なっていることが多く，方法論についても担当者がそれぞれ異なった見解を持っているために，司法の目的達成のための方法や手続に差が生じやすくなっています。

　……少年裁判所の裁判官等決定や判断を任された者の間で，何が適正な判断であるかという点で考え方が異なっています。判断を担当する人のイデオロギーや非行理論が重視されるために，同じ法律に基づいていても最終決定に差異が生じることになります。
（Corrado and Turnbull 1992, p.118）

この点については，多くの研究が残っています。例えば，司法手続内の関係者（警察関係者，検察官，裁判官，ソーシャルワーカー，児童福祉司，ケースマネージャー他）を対象にした研究（Farensworth, Fraizier and Neuberger 1988）では，被験者間で司法制度の目的（例：社会の安全を守る，懲罰を与える，更生させる等），あるいは処分を検討する際に最も重視する点（例：少年の態度，両親の態度等）についてかなりばらつきがあるという結果が出ています。専門職としての教育・訓練の違いから差異が生じているとも考えられますが，類似した教育・訓練を受けている同一の専門職集団内でも考え方は一定ではありませんでした。警察官に「司法の目的」と「司法決定に最も影響する少年の特性」について質問してみたところ，反応はまちまちでした。

少年裁判所の裁判官を対象にした調査（Doob and Beaulieu 1993）では，少年事件を担当する裁判官に4つの事件例を提示して，それぞれ適切と考

える最終処分を考えてもらい，その差異を調べています。さらに同じ被験者に対して別の設問で最終処分の判断形成において重要と考える背景要因や，各種司法処分・処罰の目的に関する裁判官の考え方について調査を行っています。調査結果によると，最終処分の内容，重要視する背景要因，司法処分の目的のいずれにおいても，裁判官の間で大きな違いがあることが判明しています。DoobとBealieuは，裁判官の司法判断に差が出るのは，少年法（カナダの場合「少年犯罪者法」）の規定にあいまいな部分があるからだと指摘しています。前にも述べましたが，人を処遇する場合，方法論や手続面である程度柔軟に対応できる余地を残す必要があり，それが最終決定の多様化に結びついていると考えられます。ただ，そのために一貫性に欠けた対応をして，対象少年に適切ではない決定を下してしまう危険性はついてまわり，また，判断形成の過程で非系統的で非定形的な調査方法に頼ることで，個人的な偏見が入り不平等な取扱いをすることに結びつくことも指摘されています。この点についても広く調査が行われていて（例：Binder et al. 1988；Grisso, Tomkins and Casey 1988；Schissel 1993），例えばSchisselによると，カナダでは法や政策で禁じているにもかかわらず，人種という要素が少年の審判決定（あるいは予審段階の判断）に影響することがあり得ると述べています。また，拘禁施設への収容の可否を，犯罪の程度や再犯リスクの度合いで定めると法律で規定しておきながら，実際には家庭の状況とか少年の態度といった法律では定められていない要素で決定している例も報告されています（Hoge, Andrews and Leschied 1995）。

　以上，少年司法手続において，不適切で妥当性に欠く判断や決定が下される要因について述べてきました。決定権を持つ者の権限が大きいという点が問題の根源にあり，そこから主観的な調査方法に頼ってしまう問題と，決定手続が一貫性に欠けているという問題が派生しています。これまでの論点を受けて，次章以降で標準化心理検査や構成的な調査・鑑別方法がこの問題にいかに対応し，司法決定手続を向上させることに役立つかという点を説明していきたいと思います。

第3章 少年司法手続における心理検査の役割

　第3章では，少年司法手続における資質および環境面の鑑別・調査過程について説明をいたします。鑑別・調査過程は，対象者に関する情報収集を行う段階，集めた情報の分析や解釈を実施する段階，分析結果から非行・犯罪要因を特定する段階，対象者の問題点を明確にして必要な処遇方法を選択するという段階に進んでいきます。

　前章で触れたように，少年犯罪者に関して質の高い判断を下して少年司法の有効性を維持するためには，各種判断において妥当性を担保する必要があります。鑑別・調査情報を考慮して対象少年の問題に関連した妥当性の高い判断を下し適切な処遇方法を選択することが，効果的な司法制度に結びついています。しかし，現実の司法手続では，主観的で構造化されていない調査方法が多用され，また一部の人間に大きな裁量権を与えています。その結果，司法手続は一貫性を欠き，非行・犯罪原因の特定や処遇方法の選択に偏見や誤った判断が入り込むことになり，それが不適切で妥当性に欠けた司法判断に結びついています。

　この章では標準化された心理検査や調査方法を用いることで，少年司法手続に起こりがちな問題を補い，調査・鑑別手法を向上させることができる点について述べてみたいと思います。まずは主な心理検査や調査手法の紹介を行い，それぞれについて詳細に検討していきたいと思います。

1　主要な心理検査および調査手法

　心理検査では，個人の内面に関する情報を集めて，それらに基づいて被

験者の資質について推定していくのですが、心理検査が標準化されているかどうかで結果が大きく異なります。標準化された心理検査は、検査実施法、被験者の反応方法、採点方法、あるいは分析方法が定型化され、検査結果を統計的あるいは計量的データとして処理できるようになっています。例えば、WAIS-R (Wechsler Adult Intelligence Scale-Revised, Wechsler 1981)[13]という知能検査では、質問項目、採点方法、実施方法等がすべて統一され、データを統計的に処理することが可能になっています。構造化面接技法を用いた検査にはPCL (Hare Psychopathy Checklist, Hare 1991)[14]という人格検査がありますが、こちらも質問項目および採点方法が統一され、面接法が構造化されていて、検査結果を統計的なデータで表すことが可能です。これらは標準化された心理検査と呼ぶことができるでしょう。

標準化された心理検査や調査手続の対象は、知的能力、性格特性から犯罪者の再犯危険度の査定まで多岐にわたるため、本書では便宜的に次のように分類して説明していきます。

1. 知能、適性、学力
2. 人格、態度、行動特性
3. 家族関係、住居環境、治療／矯正教育環境
4. 診断システム、分類システム

実施方法もさまざまなものがあり、多くの検査は自己採点法を採用していますが、その他にも順位評点法、チェックリスト法、構造化面接法、行動観察法といった方法があります。また、心理検査を単独で用いる場合と、他の検査と組み合わせて用いる場合とがあります。精神科診断や非行少年の分類・鑑別に用いられる複雑な検査方法もありますが、それについては後の章で説明します。

訳注13) 最新版はWAIS-Ⅲ（日本語版）またはWAIS-Ⅳ（英語版）
訳注14) 最新版はPCL-R

標準化検査の間でも，その構造を見てみると数量化が相当進んだものから，それほどでもないものまでさまざまな検査があります。数量化が相当進んだものとしては，保険危険率の算定（actuarial mathematical procedure）[15]で用いられる手法を応用して検査結果を分析するものがあります。その対極として，構造化面接法のように，実施において面接者の高度で専門的な判断が必要な調査手法がありますが，こちらについても面接手順や結果の採点基準等は標準化されており，多くの司法の現場で見られるような主観的で構造化されていない面接調査や鑑別手法とは，結果が明らかに異なっています。

どのような検査が司法手続で活用できるか順次説明していきたいと思いますが，標準化検査の効用について検討するには，検査自体を評価する方法について論ずる必要がありますので，まずその点から説明していきます。

2　司法手続で用いる検査の評価法

理想的には検査結果が司法制度の目的に資するものかどうか明らかにできる検査基準が必要です。すなわち，検査結果を参考にして下された司法判断が，その司法制度が掲げる目標に結びついているかどうか判断可能な基準です。例えば，少年を一定期間施設に収容するかどうか判断する際に，参考資料である心理検査の結果が，その司法制度が目指す生活態度の改善や学力の向上，ひいては再犯を抑制する力の育成という点に寄与したかどうかという点を評価することが問われているのです。司法制度の目的と心理検査の結果とでは両者の関係がかなり離れているため，この評価は現実的にはかなり難しいものと言えます。そこでもう少し具体的な問題点に絞って評価を考える必要があり，まずは，心理学においてテストを評価する際に使われている評価基準について触れ，そこで使われている用語について解説を加えてみたいと思います。

訳注15）actuarial mathematical procedure：保険危険率などを算出する方法で，心理検査の評価法として用いられている。

2−1　専門的な評価基準

　米国心理学会による「標準的教育・心理テスト」(The Standards for Educational and Psychological Testing, American Psychological Association 1985)[16]には，標準的な心理テストの構造，実施方法および評価に関する情報が記載されています。これは米国心理学会（The American Psychological Association），米国教育調査学会（The American Educational Research Association），米国教育評価審議会（The National Council on Measurement in Education）という3つの専門機関が共同して作成したもので，標準的と言われているアセスメント法，行動観察法，面接法などを中心に情報が掲載されています。このガイドラインは，4つの章に分けられていて，第1章では標準的なテスト構造およびその評価方法，すなわち，信頼性と妥当性，テスト開発法，採点方法，標準化手法，実施マニュアルの整備といった分野について詳細に説明されています。第2章では検査を活用する際の留意点が記されていて，検査者の資格要件，実施に必要な専門性，検査結果に影響する言動を控える慎重さといった検査者に求められる姿勢など，実際に心理検査を実施する際に参考になる点を説明しています。第3章では，読解力や理解力という面で障害を持つ被験者への検査実施方法について説明しています。最後に第4章では心理検査実施に関する倫理規定に触れ，インフォームドコンセントの重要性，データの管理法，検査を実施することで烙印を押す危険性といった点を詳細に説明しています。

　このガイドライン以外では，米国心理学会の第41分科会（同学会の法律関係の分科会）が，司法心理検査の実施に関する提言（the Division 41 of the American Psychological Association 1991）を発表しています。「標準的教育・心理テスト」と比べるとそれほど詳細な規定は盛り込まれていませ

訳注16）1999年に改訂。

んが，例えば再犯リスク検査の実施上の留意点といったように，主に司法手続で活用されている心理検査の問題点について説明しているので参考になるでしょう。その他にも，カナダ心理学会による「倫理規定」(Canadian Psychological Association 1991) や「心理士倫理：米国心理学会倫理規定解説」(Canter, Bennet, Jones and Nagy 1994) などが心理検査に関する標準的なガイドラインと言えるでしょう。

　ガイドラインが作成されていることは大切なことですが，肝心なのはどれほど忠実にガイドラインに沿って業務を行うかというところであり，実際にはこちらのほうが困難な場合が多いのです。心理士として業務を行う専門家は，基本的に心理学会のような専門家の組織に正式に登録する必要があります。ちなみに，米国の場合全国規模の心理学会が心理士を管理していますが，カナダでは州ごとに組織された心理学会（例えばオンタリオ州心理学会）が心理士の登録などを行っています。通常各学会は前述した「標準的教育・心理テスト」に類似した業務規定を設定していて，心理士は自分が所属する組織の規定に従って業務を行わなければなりません。さらに，心理学会は規定を遵守させるために一定の権限を与えられて，実際に規定違反を発見した場合には与えられた権限を用いて案件を処理します。このような制度は精神科医やその他の医療従事者の団体にもありますが，心理検査については心理学会の規定が一番詳細なものと言えるでしょう（参考：American Psychiatric Association 1989)。

　以上のように，各国の心理学会は，少年に心理検査を実施する際に留意すべき規定を作成していますが，その他の心理関係の組織，あるいはソーシャルワーカーや保健関係の学会などでも，似たような倫理ガイドラインがあります。ただし，心理学会のように法律により定められた権限を有する組織と異なり，それほど強い権限は与えられていません。そのため，どの専門機関にも登録せずに検査を実施する人が出てきたり，その業務内容をチェックできずに野放し状態に陥ったりといった深刻な問題が生じることがあります。

2-2　評価法に関する専門用語

　先に紹介した「標準的教育・心理テスト」等のガイドラインでは，精神／心理計測学[17]を用いて検査や調査手法を評価しています。

　これは心理検査類の評価ではよく用いられる手法で，本書もそれに沿って，各種検査について検討していきたいと思います。心理学や精神保健の専門家にとって，統計あるいは計量的な処理はそれほど難しいものではないかもしれませんが，司法や矯正分野の専門家にとってこの分野の専門用語や概念はなじみの薄いものです。実際に，司法の現場で働く精神保健の専門家たちの役割には，他の分野の専門家に，心理計測学的な研究方法の重要性に目を向けさせることが含まれています。法曹の専門家を対象にした精神・心理測定を紹介したり概念を説明したりするもの（Grisso 1987）とも言えます。精神／心理計量学の基本的な用語の説明について表3-1にまとめてみました。簡単に各項目の論点について説明しますが，解説書も紹介しますので，さらに詳しく調べたい場合には参照してください。

　信頼性とは，心理検査の評価には不可欠な概念で，一般に検査結果が安定して一貫性が保たれていることを指します。測定値の安定性と一貫性が保たれていない場合，鑑別・調査では実用性がかなり低いと判断されます。正式には再テスト法，内部一貫法，評価者間一致度検査法などを用いて測定結果の真値（一致度）と誤差（誤差の度合い）を求め，真値と誤差の分散や相関の度合いを信頼性係数という数値で表すもので，統計学における標準誤差の測定概念を用いています。検査の信頼性を信頼性係数で表すことで，個々の検査の信頼性レベルを根拠のある数値で示すことが可能になります。

　妥当性とは，信頼性よりも定義が難しい概念です。広義には，測定法の意義，あるいは合目的性ととらえられるでしょう（Messick 1995）。妥当性

訳注17）Psychometry　精神／心理計測学

表3－1　精神／心理計量学における専門用語の定義

信頼性（Reliability）	検査結果が安定し，一貫性があること。正式には，測定結果の一致（真値）と誤差の分散や相関の割合を求めて表示。
内容の妥当性（Content Validity）	検査が期待されている内容について，適切に測定しているかどうかをあらわす。
概念構成妥当性（Construct Validity）	検査値の理論的意味を吟味し，測定しようとしている構成概念（知能や性格特性）を正確にとらえているか実証する。
基準連関妥当性（Criterion-related validity）	測定値と基準値（外的基準）との相関を求めるもので，併存的妥当性と予測的妥当性に分かれる。
変化妥当性（Dynamic Predictive Validity）	変化可能性の感度を評価するもの。
増分妥当性（Incremental Predictive Validity）	別の検査の測定値と比較して検証する予測可能性
関連性（Relevance）	検査結果を参考にして判断される内容（司法判断他）と検査内容の関連性
費用対効果（Utility）	費用対効果を評価するもの。

にはいくつか種類がありますが，それぞれの定義については研究者によって理解が異なることがあります。表3－1に沿って5つのタイプの妥当性について説明することにします。

　内容妥当性とは，測定しようと意図した概念を，検査が測定しているかどうか示すものです。例えば知能検査の場合，検査項目として設定された内容が知的能力を適正に表しているかという点が問われます。あるいは，粗暴行為に関するリスク検査の場合，再び粗暴行為に及ぶ危険性に関連した事項を検査が測定しているかどうか問われるわけです。内容の妥当性については特に厳格な評価手続があるわけではなく，主観的に評価される場合が多いと言えます。通常検査を開発する初期の設計段階で重要視されることが多く，また，検査を実施することが適切かどうか被検査者の視点に立って検討する場合にも重要な概念です。

　次に概念構成妥当性（construct validity）について説明します。Anastasi（1986）およびMessick（1989a, 1989b, 1995）が述べているように，概念構成妥当性は心理測定学では中核的な概念と言えるでしょう。Anastasiと

Messickは，検査内容や項目の理論的な意味を明らかにして実証するという側面から概念構成妥当性を説明しています。知能検査で説明しますと，知能検査の各項目の得点にどのような意味があるのか，それらが個人の認知機能の何を表しているのかという点を明らかにした上で，検査結果が適正に知能を測定していることを実証することを言います。ADHD[18]の診断検査を例にとると，各検査スコアが対象少年の認知，行動，あるいは身体機能のどのような傾向を示しているのか検証し，それらがADHDの診断と結びついていることを実証するのが概念構成妥当性です。

概念構成妥当性は，理論的な枠組みを中心に検証されることがあります。例えば「道徳性の成熟度検査」の概念構成妥当性を検証する場合，「道徳性の成熟理論」という論理的な枠組みをベースに概念構成を明確にしていき，その上で経験的に，あるいは帰納的（論理的）に検査結果との関係性を吟味します。

とは言え，一般的に心理学では実証的な手法が好まれ，統計的手法の一つである因子分析のような手段を用いて検査測定値の意味について検証することが多いと言えます。例えば，対象少年の行動のさまざまな側面を測定したデータを因子分析にかけると，攻撃性，依存性，引きこもり，不安，注意欠陥といったように，病理や問題傾向に一定のまとまりがあることが分かります。これらのまとまり（因子）と相関性が認められる行動傾向を正確に測ることのできるものさしやチェックリストは，当該行動傾向を測定することについて概念構成妥当性があると言えます。詳細については，改めて第5章で触れてみたいと思います。

その他の概念構成妥当性の検証法では，同一の対象に関する複数の情報源に検査を実施して，類似項目を比較して関係を調べていく方法があります。少年の攻撃性を例に取ると，特定の攻撃傾向について，対象となる少年をよく知る教師用の検査，保護者用の検査，または少年の行動観察や面

訳注18）Attention-Deficit/Hyperactivity Disorder　注意欠如（欠陥）・多動性障害，本書ではADHDと表記する。

接等別々の情報源に検査を実施し，各検査内で類似している項目について比較検討するということです。あるいは，サイコパスの検査では，面接法，行動観察法，あるいは質問紙法といった異なった方法を用いて特定の行動を検査して，各検査結果の関連性を調べることで概念構成妥当性を検証します。

　概念構成妥当性の分析では，CampbellとFiske（1959）の多重特性－多重測定法（multitrait-mutimethod）が最も精密な分析方法と言われています。これはある検査と理論的に関係がある（収束的妥当性がある）他の検査と，理論的には関係がない（弁別的妥当性がある）検査を使い，それぞれの検査結果の相関性を調べ，検査同士の関係の比較分析を通して概念構成妥当性を明らかにするものです。攻撃，不安，注意力欠如を例にとると，これらはそれぞれ異なった行動特性なので，攻撃性を測定する検査同士はそれぞれの検査結果に相関関係が認められるはずですが，不安や注意欠如を測定する検査との相関は認められない（あるいは希薄）はずです。ある攻撃性検査でそのような結果が出た場合，その検査は攻撃性について概念構成妥当性があるということになります。このように，多重特性－多重測定法は心理検査の妥当性検証において有効な手段であるばかりではなく，検査内容の意味を明確にするという点でも有効な手法と言えます。

　概念構成妥当性は心理学にとって欠くことのできない大切な概念で，心理学を活用する犯罪司法や矯正といった分野でも重要視されています。個々の犯罪少年の心理的問題，精神的病理，暴力や犯罪リスク，行動上の問題といったさまざまな問題性を明らかにするには，それぞれをきちんと計測できる検査を使い，その検査結果を基に一定の判断を下します。したがって，検査結果が司法手続において判断しようとしている問題性を反映しているかどうかは大きな問題になるのです。

　ところで，後に詳しく触れますが，司法心理領域では一般心理学の理論や研究における概念の定義と，司法制度における定義が一致しないことがあり，それが問題になる場合があるので注意が必要です（Grisso 1986, 1987

; Halleck, Hoge, Miller, Sadoff and Halleck 1992 ; Matarazzo 1990 ; Melton 1987 ; Rogers and Mitchell 1991)。

　第３番目の妥当性として基準関連妥当性があります。これは，その検査の測定値と，外的基準との相関によって評価される妥当性で，併存的妥当性と予測的妥当性の２タイプがあります。併存的妥当性とは，検査測定の結果と基準となる値の検証が同じ時期に行われるもので，予測的妥当性とは，基準値を用いた検証が検査測定よりも後に行われるものです。具体例をあげると，ある性格検査の結果を，同時期に確認された犯罪行為を外的基準として両者の相関関係を用いて検証するのが並存的妥当性で，３年後の犯罪行為との相関関係を用いて検証するのが予測的妥当性になります。司法心理では，再犯リスク検査のように将来の行動予測のために心理検査を用いることが多いために，多くの研究者は予測的妥当性を重くとらえて長期間にわたる研究や調査に取り組んできています。

　一般的に基準関連妥当性は，基準として比較される値との相関関係を検証した後に，検証値の信頼性水準とともに併記します。ある性格検査で基準関連妥当性が［$r = .47, p < .05$］と表示された場合，相関値［.47］からは，この性格検査と基準値との関係性を読み取ることができ，信頼係数［$p < .05$］からは，一定の回数の観察を行ったものと仮定して100回のうち５回以下という確率で先に示した相関値が生じることを示しています。

　司法分野の心理検査の予測的妥当性の場合，より直接的なデータを求める傾向にあり，その場合に分割表（表３−２）がよく使われます。表３−２のＡは２行２列の基本的な分割表の構造を表し，ＢはＡ表に実際の数値を入れて表しています。分割表には２種類の的中枠である真陽性（true positive：陽性予測（例：再犯すると予測）が後に陽性（例：再犯した）と判明）と真陰性（true negative：陰性予測（例：再犯しないと予測）が後に陰性（例：再犯せず）と判明），とともに２種類の過誤枠である偽陽性（false positive：陰性予測（例：再犯しないと予測）が後に陽性（例：再犯した）と判明）と偽陰性（false negative：陽性予測（例：再犯すると予測）

表3-2　分割表

A：分割表内の各区分

	再犯	非再犯
再犯すると予測	真陽性	偽陽性
再犯しないと予測	偽陰性	真陰性

B：再犯予測の調査例

	再犯	非再犯	合計
再犯すると予測	106	53	158
再犯しないと予測	64	121	185
合計	170	173	343

が後に陰性（例：再犯せず）と判明）があります。

　実際に表Bを使って説明しましょう。この表は，少年犯罪者のサンプルグループに再犯予測の検査を行った上で，一定期間そのグループの再犯調査を実施して結果を整理したものです。まず，サンプルの再犯可能性の査定結果を「再犯すると予測」されるグループ（343人中158人），「再犯しないと予測」されるグループ（343人中185人）に分類します。続いてこのサンプルグループに対して3年間再犯調査を実施して，実際に170人が再犯におよび，173人が再犯に及ばなかったという結果を得られました。

　この結果から我々が知りたいのは，予測がどれだけ的中しているかということになりますが，表内のいくつかのデータが的中率を示しています。例えば，真陽性（106）と真陰性（121）の数値を足してそのパーセンテージを見てみると，再犯／非再犯予測の的中率はおおむね66％となります。再犯者全体（170）の中で，予測が的中して再犯した人数（106）の割合（62％）も的中率の一つと言えるでしょう。この表からはさまざまな有効な指標がとり上げられますが，この的中率などは，少年司法の鑑別・調査等で用いる検査を評価する際に非常に参考になります（Andrews and Bonta 1994 ; Hart, Webster, and Menzies 1993 ; Loeber and Dishion 1983）。

　これまで概念構成妥当性と基準関連妥当性が重要であるという点について述べてきましたが，その他に司法心理学の分野とかかわりが深いも

のとしては，変化妥当性（Dynamic Predictive Validity）と増分妥当性（Incremental Predictive Validity）があります。変化妥当性とは，検査が測定し得る被験者の変化に対する感度を対象として評価したもので，被験者の変化が測定項目の数値の変化にどの程度反映されているか評価するものです。心理療法や矯正教育の現場では対象者の変化を予測することへの要請が強く，検査における変化妥当性の検証は非常に重要なものです。増分妥当性は，ある検査の予測可能性を，別の検査の測定値と比較して検証するものです。例えば，再犯リスクアセスメントの場合，統計的な保険予測を活用したリスクアセスメントの予測値を，臨床的アセスメント法と比べて増分妥当性を検証していきます。

さらに，司法心理学における検査方法の評価で大切なのは関連性（Relevance）に関する評価です。関連性とは，検査によって得られたデータが，少年司法手続における決定事項にどの程度関係しているかということを意味しています。妥当性があると言われている検査結果でも，司法判断に直接関係していないことはあり得るわけで，司法心理においてはこの関連性と一般的な心理検査の妥当性とは異なる場合があります。

これに関係してGottfredsonは（Gottfredson and Gottfredson 1988），司法心理において最も重要な関連性とは，少年司法制度の目的と，その目的達成のために効果的と想定される手段との関連性であると述べています。例えば，少年の改善更生を目指す司法制度下で，居住環境が改善更生に影響すると想定した場合，司法判断と居住環境の検査情報の関連性が高いことになります。一方，応報的な司法制度下では，司法判断を下す場合犯行の重大性という要素が主な判断基準となるために，居住環境に関する検査情報は関連性がないということになります。

関連性が低い情報が司法判断に及ぼす悪影響として，次の2点が考えられます。まず，時間を費やして無駄な作業を行うことになるという点です。多くの少年司法手続では対象少年について膨大な情報を集めていますが，そのうちの多くが司法判断の形成において関連性が低いとしたら，これほ

ど効率の悪い運用はないでしょう。次により深刻な問題として，関連性が低い情報を採用してそれに基づいて判断をした場合，不適正で不合理な司法判断を下す危険を犯すことになります。例えば，家族の社会的・経済的地位と少年の非行・犯罪との関連性，あるいは少年の介入や処遇に対する態度や反応との関連性は希薄であると言われていますが，司法手続の調査プロセスで家族の社会的・経済的地位について調べるように規定されている場合，それらの情報が司法判断に影響を及ぼす可能性は否定できず，判断をゆがめてしまうことになります。

最後に心理検査の評価という点で，費用対効果（Utility）について触れてみたいと思います。心理検査の実施には時間がかかる上，専門的な知識や経験が要求されることになり，それらを経費に換算すると相当な額になります。体系化されていない検査を実施して妥当性に欠いた不適切な判断を下すような場合でも，そのような検査のために相当な時間と経費をかけているわけであり，財政的あるいは社会的な損失は大きいと言えます。つまり，効率的に目標達成に資する効果的な検査を選定して用いることが望まれているのです。

3 標準化された心理検査を用いる利点

標準化された心理検査は，以下のように司法領域の判断形成のいくつかの側面で大切な役割を担っています。最近では多くの洗練された心理検査が開発されていて，司法領域内の鑑別・調査に活用して精度を高めることができ，最終的に少年司法の判断・決定の妥当性を向上させています。それらの検査の多くは教育心理，発達心理，臨床心理，カウンセリング，集団心理の分野において開発されたものですが，中には司法心理や矯正心理の分野で特別に開発されたものもあります。どのような検査が司法判断の質に関係しているかは第4章他2つの実際の例を用いながら詳細に紹介しようと思います。

標準化された心理検査を用いることで，少年司法のケースの取扱いに一貫性を持たせることができます。例えば，少年の粗暴傾向について，資質担当者がそれぞれの直感や経験で査定するのではなく，標準化検査を用いて査定することで，異なった組織や機関同士で同一の検査結果を共有できるようになり，介入や処遇方法についても一貫性を持たせることができるようになります。これは平等な介入を保障するばかりではなく，担当者の偏見を排して合理的な判断を形成することに大きく寄与します。

　検査の構造が明細化され，何を測定しようとしているのか明らかにされている点も，標準化検査が司法判断の質を高めるのに役立っています。例えば，判決（審判）前調査や処遇決定のための調査において，知能のレベルの査定を行うことがありますが，個々の調査機関や担当者が面接時の印象に頼る等主観的な手法を用いて調査を行った場合，どの調査結果が司法判断の根拠として適切か検証することが難しくなります。すべての調査機関が，検査の方法内容を明確にした調査法を統一的に採用している場合，知能レベルの査定に適正な情報かどうか検証することが可能になります。

　司法手続の鑑別・調査に，社会科学領域で一般的に用いられている検査を持ち込むことで，心理学の先進的な知見を司法領域で活用できるようになります（Grisso 1987）。特に発達心理学，教育心理学，性格心理学，あるいはその他の領域の心理学で用いられている検査は，その専門的な知見が司法領域の問題解決にも役立つということがわかってきています。

　　……心理学の知見を司法領域に応用できるように研究を進める必要がある。つまり，基礎心理学の諸理論を司法領域の調査に応用する研究を進めることで，司法における判断形成が，単なる推測から心理学という科学的根拠に基づいた判断に近づくことになり得るというわけである（Grisso 1987）。

　鑑別・調査の過程では，推論や仮説を検証しながらアセスメントを進めますが，標準化された心理検査を導入することにより，検証の精度を上げ

ることが可能です。司法手続にたずさわる警察官，保護観察官，ソーシャルワーカー，裁判官たちが，直感に頼ることなく資質鑑別等の妥当性や信頼性を検証できるようになるのです。

最後に，資源の効率的な活用という点に触れてみましょう。不適切で妥当性の低い判断を少年に下すことは，非効率な制度や組織の運営をもたらす危険性があります。少年を施設に収容する，処遇として心理療法を実施する，あるいは社会内で保護観察を行うといった措置には重い経済的負担が伴います。必要性のない少年にまでそのような措置を行うことは，税金等公的な資源の非効率的な執行と言えるでしょうし，処遇の必要性が高いにもかかわらず適切な措置を行わない場合，対象者や社会に大きな損失を負わせる可能性があります。標準化心理検査を導入して対象者に関する判断の精度を高くすることで，制度や組織内の資源を有効に活用できることを，後に実際の例を紹介しながら説明したいと思います。

4　心理検査の弱点

ここで視点を変えて，少年司法手続に標準化心理検査類を用いる際に起こりうる弊害，あるいは活用の限界について簡単に説明しておきます。検査を導入する際に，これらの点について認識しておくことは大切なことだと思います。

まずは，鑑別や検査手法にまつわる問題というよりも，少年司法制度上の問題なのですが，司法の目的と，目的達成手段について，担当者の間で見解が一致していないことがあります。すなわち，司法の目指すところと，目的達成に最適と考えられている介入・処遇方法について考え方が一致していないことに起因する問題で，目的が異なると司法判断に必要な情報も異なってくるので，同じ組織や制度の中で見解が一致していないと，鑑別・調査手法の問題に発展していきます（Gottfredson, 1988）。

論理的な課題であれば，問題解決に必要な情報が何であるか考えることはそれほど難しくないが，実生活上の問題場面では，問題解決に必要な情報が何であるか把握することは非常に難しい。実生活で問題解決を迫られる場合，目指すべき方向について統一した考え方ができないからである。また，仮に目標が定まったとしても，それを達成するのに有効な手段について情報が不足していて，さらに人によって何が有効な手段なのかという点で考え方が異なっていると，どのような情報が問題解決に必要であるか把握することが難しい。

　前述したように，これは検査や鑑別・調査手法の問題というよりも，検査を適用する際に生じる問題です。つまり，少年司法制度内で目的や手段について考え方が異なっているという問題が根底にあり，それにより，どのような心理検査や調査方法を採用して情報を取得すべきか見解がまちまちになってしまうのです。

　次の問題点として，心理検査への依存度が高まると，個人の特性に関心が集まってしまい，少年たちが置かれている社会環境のようなより広い問題への関心が薄れる点があげられます。心理検査は知能，性格，行動傾向，適応能力面についてかなりの情報を与えてくれますが，一方で，家庭や地域等の環境についてはわずかな情報しか与えてくれません。この点が心理検査の限界なのでしょうが，後に詳細に検討するように最近の心理検査はこのような限界を克服しようとしています。

　標準化心理検査を導入することで，判断の柔軟性が失われる可能性があるところも問題と言えるでしょう。人間を対象にしている限り，個々のケースにおいて最終的には専門家による判断が尊重されるべきですが，検査方法や検査結果の活用法等が厳格に規定されている心理検査を用いた場合，専門的な判断形成を阻害する可能性があります。これも心理検査自体に内在している問題というよりも，検査の活用上の問題ですので，賢明に心理検査を活用していく必要があります。

　また，心理検査の結果により被験者に関して必要以上に悪い印象を与え

てレッテルを貼り，厳しい処分に結びつく危険性があるため，心理検査の導入に批判的な意見もあります。Markwart（1992）が述べているように，これは少年司法のように，更生（少年の問題傾向の修正）と罰という要素が含まれている場合に起こり得る問題で，教育や介入の必要性を調査して再犯リスク要因を明らかにする中で，実際に行われた犯罪行為とは直接関係しない要素まで司法判断の参考にされ，必要以上に厳しい結果を招くことがあります。Markwartはこの点について，判決（審判）前調査で取り扱う広汎かつ詳細な調査情報に関する議論の中で，次のように述べています。

　　判決前調査において少年の問題傾向の根深さが指摘されている場合，実際に少年が引き起こした犯罪行為とは関係のない側面まで着目されるようになり，通常言い渡される処分よりも厳しい処分決定が下されることがあり得る。

　これについても心理検査に内在する問題というよりも，少年司法制度の目標や手続が明確に定められていないことから生じる問題と言えるでしょう。
　心理検査が測定する事項と，司法手続に必要な判断事項との間に食い違いがあることも，問題点として指摘されています（Grisso 1986, 1987；Halleck et al. 1992；Matarazzo 1990；Melton et al. 1987；Rogers & Mitchell 1991）。心理検査は教育現場，収容施設，あるいは精神・心理臨床上の必要性に基づいて開発されることが多いために，測定する対象が少年司法手続上必要な判断と間接的な結びつきしかないことがあります。少年事件を成人の刑事司法手続に移送する場合，少年の成熟度について細かく調査を行い適正に査定を行うことが求められます。しかし，一般的な心理検査における成熟度と，刑事手続で規定している成熟度とは内容が一致していません。明快な解決策は存在しませんが，各司法制度や学術研究でこの相違点を埋めようと努力しているところです。
　最後に，心理検査が広く活用されるようになると，少年司法において心

理士など精神保健の専門家の役割が増大しますが，それに対して抵抗感を抱かれることがあります。これは精神保健の専門家をどのように見ているかという点で意見が分かれるところで，少年司法制度のモデルにより評価が異なるでしょう。例えば，応報主義を採用している司法制度では，精神保健の専門家の出番は非常に限られたものになりますが，共同体モデルを目指している制度では，精神保健の専門家の役割を拡大することに大変前向きと言えます。いずれにしても，これも検査そのものの問題ではなく，心理検査の導入の際に生じる問題と言って良いでしょう。

　以上のように，心理検査の限界や問題点は軽視できませんが，だからと言って検査を導入しないのではなく，検査を活用する際の留意点としてとらえるべきと考えます。なお，この章で十分に説明できなかった点については，後にもう一度問題点として取り上げて説明していきたいと思います。

5　本書における心理検査の紹介

　次の章からはさまざまな心理検査を紹介しながら，少年司法手続の中でどのように活用されているのか説明します。第4章では，すでに少年司法分野で活用されている知能検査，適性検査，学力検査について紹介しながら，それらが鑑別・調査において果たす役割について説明します。第5章では，性格，態度，行動傾向に関する検査に焦点を当て，第6章では，少年の家庭や生活環境に関する調査方法と，施設内処遇や社会内処遇において実施される矯正プログラムの評価法について説明していきます。第7章では，司法手続における調査・鑑別のために特別に開発された心理検査について説明をします。

　ただし，本書で心理検査を網羅的に紹介するのは難しいので，ごく一般的なものだけを選定して，少年司法手続でそれらがどのように用いられているか説明することにします。代表的と言われている心理検査についてその内容や方法を紹介していきますが，できるだけ近年開発されたものの中

から評価が高く有効と考える検査を選んでみました。また，本書で紹介した検査について，その出典情報等を最後にリストアップしました。一般の出版社で販売されているものと，開発者（研究者）が専門誌上で紹介しているものがありますが，本書で紹介したテストに関する情報はすべて付録1にまとめ，検査を販売している主な出版社の連絡先については付録2にまとめました。

　検査を使用する際の注意点ですが，まず多くの検査は著作権により保護されていますので，開発者や出版社の許可なく使用したり複製したりすることはできません。また，検査を実施する前に研修を受けて専門性を身につける必要があります。使用資格のない者が検査を実施することは禁じられています。専門家が心理検査を使用する際の一般的な留意点は，"Standards for Educational and Psychological Testing"（American Psychological Association 1985, 1999）に記載されていますので参照願います。ただし，市販の検査の場合，利用方法を含めて検査の管理は出版社の責任になりますので，各検査ごとに留意事項を確認する必要があります。

　出版社が提供しているカタログ類も，新しい検査や既存の検査の概要を知るのに有用な資料と言えるでしょう。ただし，より客観的な情報を得たい場合には，「The 12th Mental Measurements Yearbook[19]（Conoley & Impara 1995）」，「Assessment of Children[20]（Sattler 1992）」，あるいは「Test Critiques[21]（Keyser & Sweetland 1992）」などを参照されると良いでしょう。

訳注19） 改訂版は，The 18th Mental Measurements Yearbook, Spies, R.A., Carlson, J.F. & Geisinger, K.F. 2010)
訳注20） 改訂版は，Assessment of Children : Behavioral and Clinical Application, Sattler 2001 ; Assessment of Children : Behavioral, Social, and Clinical Foundations, Sattler and Hoge 2005 ; Assessment of Children : Cognitive Foundations, Sattler 2008)
訳注21） 改訂版は，Test Critiques, Keyser 2004

第4章 能力適性と学力レベルのアセスメント

　始めに，対象者の能力適性や学力レベルを測る検査を紹介いたします。単独で実施する検査として紹介しますが，被験者の分類[22]や診断のため他の検査と組み合わせて実施することもあります。まずは，能力適性検査について概要を紹介した後に，学力測定関係の検査を紹介いたします。最後に，紹介した個々の検査が少年司法における判断形成にどのように役に立つのか説明をします。

1　能力適性検査

　「能力適性（aptitudes）」という用語を明確に定義するのは難しく，心理検査関係の書籍でもその説明には曖昧な部分が残されていますが，広い意味で人間の能力や素質を指していると考えます。本章では次の4点に関する検査について説明をします。

- ●一般的知能検査
- ●特殊な適性に関する検査
- ●神経心理学的検査
- ●職業適性検査・進路適性検査

訳注22）訳注6（p.027）を参照。

1－1　一般的知能検査

　一般的な知的能力検査として，3種類の検査を紹介します（表4－1）。表Aには個別知能検査例をいくつかあげてみました。これらは，少年たちの知的能力を広く，または深く測定できるように設計されたもので，訓練を受けた専門家によって個別に実施するように作られています。

　これらの知能検査は，個々の少年の知能や認知能力を幅広くカバーしながら，知覚，認知および学力面で特に劣っている部分に焦点を当てて測定できるように作られています。加えて，非常に熟練した専門家は，これらの検査の結果から，テストを受ける構え，動機づけ，あるいは性格特性といった特性についても導き出すことができます。

　ウェクスラー児童知能検査（第3版）(Wechsler Intelligence Scale for Children-III)は，これらの個別知能検査の典型例と言えるもので，6歳以上16歳以下の少年に対して用いることが可能です。この検査では，知覚，認知および学習といった知能のさまざまな側面を測定することが可能です。検査結果は，(1)認知機能全体を反映した全検査IQスコア，(2)言語性IQおよび動作性IQを反映したスコア，(3)さらに知能を細分化して，言語理解，空間把握，数的記憶といった側面を反映する下位検査スコアに整理されます。下位検査スコアは認知能力や知覚面の問題点を明確に示すことができるように細分されていて，「聴覚記憶力が低く注意集中が長続きしない」といったように，個々の特性を明らかに示すことができます。

　Kaufman（1979）とSattler（1992）によると，WISC-IIIに関する検証研究は相当数に上り，この検査が少年の知能，知覚，あるいは学習に関する広範な問題傾向を特定して診断するのに実用的であり，また，教育や精神・心理療法などの臨床現場で非常に有用なアセスメントの手段であることが認められています。熟練した専門家は，検査結果を分析して被験者の性格，態度，行動傾向といった点まで解釈することも可能です。

　さらに，表4－1のAに載っている知能検査は，精神・心理面における

表4−1 一般知能検査

A：個別知能検査

検査名	出版元
Detroit Tests of Leaning Aptitudes（デトロイト学習適正検査）	PRO-ED
Kaufman Assessment Battery for Children[23]（K-ABC心理アセスメントバッテリー）	American Guidance Service
Stanford-Binet Intelligence Scale (4th ed.)[24]（スタンフォード・ビネー知能検査（第4版））	Houghton-Mifflin
Wechsler Adult Intelligence Scale-Revised[25]（ウェクスラー成人知能検査（改訂版））	The Psychological Corporation
Wechsler Intelligence Scale for Children-III（ウェクスラー児童知能検査（第3版））	The Psychological Corporation

B：集団知能検査

検査名	出版元
認知能力検査（Cognitive Ability Test）	Houghton-Mifflin
Henmon-Nelson (IQ) Test（ヘンモン・ネルソン知能検査）	Houghton-Mifflin
Kuhlman-Anderson Test（クルマン・アンダーソン知能検査）	Personnel Press
Multidimensional Aptitude Battery（MAB or MAB II）	Research Psychologists Press/Sigma
Shipley Institute of Living Scale	Western Psychological Services

C：動作性知能検査

検査名	出版元
Goodenough-Harris Drawing Test (Draw A Man Test)	The Psychological Corporation
Leiter International Performance Scale（国際動作性尺度）	C. H. Stoelting Co.
Peabody Picture Vocabulary Test（ピーボディ絵画語彙検査）	American Guidance Service
Raven's Progressive Matrices（レーヴン漸進的マトリックス検査）	Lewis Publishing Co.

訳注23）日本版の出版社は丸善株式会社，Webサイトはhttp://pub.maruzen.co.jp/kabc/index.html

訳注24）改訂版はStanford-Binet Intelligence Scale, fifth edition, 2003，日本版は田中・ビネー知能検査V，出版社は田研出版，Webサイトはhttp://www.taken.co.jp/conterts/laboratory.htm

訳注25）改訂版はWAIS-IV（英語版），WAIS-III（日本語版，出版社は日本文化科学社，Webサイトはhttp://www.nichibun.co.jp/）

能力全般について測定することができて，例えば，学校での成績が悪いにもかかわらず高い知的能力を示す非行少年について，その処遇や介入法を考察するのに重要な側面を明らかにすることが可能であり，また，発達上の遅れが問題になっているケースの場合，思考や認知能力の発達の度合いを推定することが可能です。次章でも触れますが，発達に障害がある少年の適応能力を鑑別する際に，知能は欠くことのできない重要な手がかりで，知能検査からアセスメントを進めていくことになります。

表4－1に掲載している知能検査は，すべて一定水準の信頼性を保っており，いずれも適切なサイズのサンプルを用いて繰り返し標準化を行い，改訂を重ねて現在の形になっています。知能の内容や構造については議論が分かれるところですが，ここにあげた知能検査は，知能の各側面を診断できるように作られ，知覚，認知，学力等の問題点を明らかにしたり，学習可能性を推定したりする点で非常に優れています。

一方，これらの知能検査には弱点もあります。まず，必ず個別に実施しなければならず，検査の実施や採点に時間がかかるという点があげられます。また，検査結果の整理と解釈には心理学あるいは精神医学の専門領域の特別な訓練が必要な点や，検査結果を司法判断にどのように反映させるか必ずしも明確ではないという点も指摘されています。

表4－1のBでは，個別にではなく2人ないし3人に対して同時に実施することが可能な知能検査をあげています。検査の実施および解釈にそれほど高い専門性を必要としないところは，Aに掲載した個別知能検査と異なっています。したがって，知能検査の専門家がいない少年の矯正施設などにおいても活用できる実用的な検査と言うことができます。

Shipley Institute of Living Scaleは，このタイプの知能検査の中ではよく使われるもので，語彙力と論理的思考力検査に分かれていて，紙と鉛筆さえあれば実施できます。検査結果として全体的な知能レベルをIQスコアで表し，語彙力と論理的思考力の2項目についても点数化して能力レベルを示しています。検査実施に必要な時間はわずか20分で，実施後のスコア整

理も簡便にできるように作られています。

　これらの集団式知能検査は一般的に個別知能検査よりも実施しやすく、統計的にも計量心理学の手法を適切に取り込んで作られていますが、個別検査と比較すると検査から得られる情報量は少なく、同年齢集団内で相対的に比較して算出された知能値が示されるものがほとんどです。そのため、簡易なスクリーニング用の検査としては活用されていても、知的能力全般の機能の診断を行うには限界があります。

　表4－1のCには、動作性知能（非言語性知能）に関する検査を掲載しました。これらは、身体面、または言語能力面で障害を負い、文字で書かれた一般的な知能検査を受けることが難しい被験者用に作られています。したがって、少年司法手続などで言語能力を十分に発揮できない少年の知能を測定するのに適していると言われています。

　レーヴン漸進的マトリックス検査（Raven's Progressive Matrices by Raven, Court & Raven 1986）は神経心理学領域ではよく活用されるもので、身体障害あるいは言語障害を負った少年たちの非言語的思考力を測定するために開発されたものです。図形や記号に関する問いを中心に構成され、文字による解説は少なく、解答も文字に頼らない方式を用いています。検査結果は、抽象的な思考力や空間把握能力といった面を反映したものになっています。

　これらの動作性知能検査も、少年の背景にある問題点の鑑別・調査において非常に重要や役割を果たしています。ただし、検査結果が示す値は全体的な知能の一部と考えられ、検査値の性質を十分に理解した上でその結果を司法判断等に活用する必要があります。また、ほとんどの検査は個別に実施しなければならず、検査者は実施方法について特別な訓練を受け、また障害を負った少年の扱い方についても十分な経験を持っていなければなりません。

　以上が一般的によく使われる知能検査の紹介ですが、ここで知能検査が

どのような過程を経て発達してきたか説明します。

　知能についてはさまざまな理論がありますが，まずSternberg（1985，1988）による知能の鼎立理論を紹介しましょう。他の理論と比べて包括的に知能の機能について論じて知能検査に影響を及ぼしているもので，文脈理論（the contextual sub theory），コンポーネント理論（the componential sub theory），経験理論（the experiential sub theory）という三本柱で構成されています。文脈理論とは，自分が置かれた社会環境の要請に反応する知的側面に焦点をあてて，この社会適応力という点から知能を説明し，また測定しようとするものです。コンポーネント理論とは，知能の構造を明らかにして，知能が実際にどのような過程を経て形成され機能しているか説明するものです。経験理論とは，新しい状況や課題に対処する能力が知能の本質である，という仮説に基づいて知的能力を説明するものです。

　次いで，Gardner（1983）による知能の多重因子説も重要な理論です。Sternbergとは視点が異なってはいますが，この知能理論もGardner以前の理論と比べると広い視野に立ち，総合的に知的機能について説明しています。それによると人間の知能とは単一の能力ではなく，質的に異なる7つの能力，すなわち言語的知能，論理数学的知能，空間的知能，音楽的知能，運動的知能，社会的知能，実存的知能から成り立っているものと仮説を立てて説明しています。最後の2つは分かりにくいのですが，社会的知能および実存的知能というのは，それぞれ他者，あるいは自己について，その感情，動機，態度あるいは行動を客観的に分析できる能力と言われています。7つの知能のうち言語的知能，論理数学的知能および空間的知能については，最近の標準化された知能検査で測定可能です。この鼎立理論や知能の多元因子説という包括的な知能論で説明する諸機能を網羅し，測定する検査は作られてはいません。知能理論は，実用化されている知能検査で把握できる知能以上に，広い範囲にわたって知能の機能を論理的に解明し定義してきていると言うことができます。そこで，特に少年個人が対人関係で活用するさまざまな能力を検討し理解するのに非常に有用な参考

として活用されていて，また，少年以外の対象についても，その知的能力を取り扱う臨床家たちの助けとなっています。

1－2 特殊な能力適性に関する検査

表4－2に，知能以外の特殊な能力適性の調査に用いられる検査で，視覚，聴覚，言語に焦点をあててその生得的な感覚機能や運動機能の問題等を測定したり，読解力と計算能力といった特定分野の学習能力を測定したりするものです。

The Test of Auditory Comprehension of Language-Revised（聴覚言語理解力検査，Carrow-Woolfolk 1985）は会話の理解度という特定分野の能力測定ができるように作られています。実施方法は被験者に刺激語あるいは刺激文を聞かせて，答えを一連の絵のカードから選択させるもので，テストを受ける少年の単語や文書の理解度を測定するものです。

The Classroom Reading Inventory（教室における読解力検査，Silvaroli 1986）は学級における学習活動への適性を測る特別な検査の一例で，個別検査として実施して，同年齢内での少年の読解力レベル，あるいは読解力に関係する発達上の問題を明らかにします。主な特徴として，読解力に関係する能力を，1）自発学習レベル（自力で正確に文章を読解できるレベル），2）指導学習レベル（教師の指導を受けて正確に文章を読解できるレベル），3）学習困難レベル（標準的な読解力よりも読解力が低いレベル），といったように教育の現場で重要な3つの側面に分類して各レベルを示すように作られています。

これらの適性検査の弱点は，特別に訓練を受けた専門家が，一人一人の少年に個別に実施しなければならないという点と，信頼性および妥当性の担保が困難なところにあります。しかし，これらの弱点に十分に配意しながら実施することで，少年の能力適性に関して非常に価値のある情報を得ることができます。

表4-2　能力適性検査

検査名	出版元
Classroom Reading Inventory	Wm. C. Brown
Illinois Test of Psycholinguistic Abilities[26]（ITPA言語学習能力診断検査）	University of Illinois Press
Keymath Diagnostic Arithmetic Test	American Guidance Service
Test of Auditory Comprehension of Language	DLM Teaching Resources
Woodcock-Johnson Psycho-Education Battery	DLM Teaching Resources

1-3　神経心理学的検査

　少年犯罪を取り扱っていると，脳の機能障害が疑われ，それが少年の不適切な判断や行動傾向に結びついていると考えられるケースがあります。その診断は複雑かつ繊細なもので，広範にわたる神経心理学的検査を実施し，感覚運動，知覚，言語，記憶，認知などの諸機能についてその発達の程度等を調査し検討します。Sattler（1994）は，神経精神医学および心理学領域の診断過程で，神経・心理学的検査の果たす役割について次のように述べています。

　　少年の脳の機能障害には，広範な種類とレベルの異なった神経心理学的な症状が伴っている。神経心理学的検査だけで脳の機能障害が生じた部位や程度，あるいは機能障害の性質について全てを明確にすることはできないが，感覚，運動，あるいは知能面の障害については，ある程度検査することが可能になっている。神経心理学的検査を用いることで，言語・非言語的知能，感覚運動機能を測定することが可能で，具体的には被験者の語彙力，理解力，概念構成力，記憶，知覚，運動機能について明らかにすることができる。(p.695)

　この章だけで神経心理学的検査について詳細に説明することは難しいの

訳注26）日本版の出版社は日本文化科学社，Webサイトはhttp://www.nichibun.co.jp/

で，ごくおおまかにいくつかの検査について紹介してみたいと思います。

まず，The Halstead-Reitan Neuropsychological Test Battery for Older Children（Reitan and Wolfson 1985）ですが，これは成人版として作られた検査項目を援用して作成されたもので，青少年用の総合的な神経心理検査として広く用いられています。特に，学習障害をはじめとするさまざまな脳神経領域の障害に用いられ，その他の知能検査（例えばWISC-Ⅲ）や学力検査と併用して神経心理面の鑑別・調査に用いられています。

総合的な神経心理学的検査はあまりないのですが，この検査以外では，脳神経の機能損傷の査定のために開発された簡易検査があります。The Quick Neurological Screening Testという簡易な個別検査があるのですが，これは5の領域に関する脳神経の機能障害，すなわち，運動機能の発達，空間把握，聴覚といった面の障害をスクリーニングすることが可能な上，集中力や注意力のレベルを把握することも可能です。

司法手続における神経心理学的検査の活用を検証した研究から，次の2点について使用上の留意点として強調されています（Sbordone 1991 ; Kolb and Whisaw 1985 ; Lezak 1995 ; Sattler 1992 ; Valcuikas 1995）。

1）信頼性と妥当性に関して十分な検証が行われていないので，脳機能の障害について診断を下す際には，この点に留意して検査結果を活用しなければならない。
2）検査結果の解釈は複雑で難解なために，神経心理学領域において高度な訓練を受けた専門家しか検査を実施・活用することができない。米国の場合，実施者は米国臨床神経心理学会に登録することが義務づけられている。

1-4　職業適性検査および進路適性検査

心理検査には，進路や職業選択に関連する情報を提供する適性検査があり，カウンセリングやガイダンス等に活用されています。大きく分類する

表4－3　職業適性検査および進路適性検査

検査名	出版元
Armed Services Vocational Aptitude Battery	United States Department of Defense
Bennet Mechanical Comprehension Test	The Psychological Corporation
Career Assessment Inventory	Interpretive Scoring Systems
Differential Aptitude Test	The Psychological Corporation
Jackson Vocational Interest Survey	Research Psychologists Press/Sigma
Occupational Aptitude Survey and Interest Schedule	PRO-ED
Self-Directed Search Inventory	Psychological Assessment Resources
Strong-Campbell Interest Inventory	Counseling Psychologists Press

と，就業に関する被験者の興味や価値観を明らかにするものと，進路や就職に関する能力適性を明らかにするものとに分けることができます。表4－3に両者の代表的な検査を掲載しました。

　Jackson Vocational Interest Survey（Jackson 1994）はさまざまな仕事についている青少年の価値観や興味・関心に焦点を当てた検査で，被験者は289の設問を読んでそれぞれに用意された2つの選択肢から1つを選んでいきます。結果を集計すると，多くの職業や進路の中で被験者の興味関心がどちらに向いているか表にして示すことができるように作られています。

　次に，被験者がどのような進路あるいは職業で成功する能力適性を持っているか査定する職業能力適性検査ですが，非行・犯罪少年の鑑別・調査でも非常に重要な役割を果たしていて，少年の進路選択に関して有意義な情報を提供してくれます。

　こちらの職業および進路適性検査は，さまざまなものが開発されていて，Bennett Mechanical Comprehension Testのように，特定の職業に関する適性を査定するものから，より一般的に適性を測定するものまで，いろいろなタイプの検査があります。米国の国防総省から出版されている，Armed Services Vocational Aptitude Batteryの場合，開発当初は軍人の採用や配置のために作られましたが，次第に一般の教育場面でも活用されるように

なり，現在では一般の教育現場の進路指導で広く用いられるようになっています。この検査は10の下位項目によって構成されていて（一般科学，論理的思考，語彙，作文，数的処理，記号処理，自動車整備，数学，機械工学，電気工学），被験者に関して幅広く情報を収集できるようになっています。検査結果は3部に分かれ，第1部では言語能力，計算力，一般学力について，第2部では，機械と工作，ビジネスと事務，電気と電子，健康と社会の4分野について，第3部では，一般的な知的能力について，それぞれスコアが集計されて能力適性を示すように作られています。

2　学力検査

　学力検査とは一般的に，少年がどこまで知識や技能を身につけているか測定します。例えば，小学6年生で教わる算数についてどの程度マスターしているか，あるいはコンピューター操作をどのレベルまでマスターしているかといった点を明らかにします。

　表4-4に一般的な学力検査をリストアップしました。Kaufman Test of Educational Achievement[27]（Kaufman & Kaufman 1985）は有用な個別学力検査の一例で，6歳から18歳の少年の学力を測定できるように作られています。検査結果は，文章読解力，文書構造分析力（reading decoding），計算力，数学応用力，語彙力という分野の達成レベルについて，被験者があてはまる年齢や学年で達成度を示すようになっています。

　本書でとりあげた学力検査は，信頼性と妥当性について一定の水準を保っているのですが，検査結果を解釈する際には，標準化に用いたサンプルデータがどのような集団から取得されたのか確認する必要があります。被験者である少年と関係が希薄なグループのデータを基に標準化している可能性があるからです。

訳注27）最新版はKaufman Test of Educational Achievement, Second Edition (KTEA-Ⅱ, Kaufman, A.S. and Kaufman, N.L.)

表4-4 学力検査

検査名	出版元
Kaufman Test of Educational Achievement (K-TEA)[28]	American Guidance Service
Peabody Individual Achievement Test-Revised (PIAT-R)[29]	American Guidance Service
Stanford Achievement Test[30]	The Psychological Corporation
Wide Range of Achievement Test-Revised	The Psychological Corporation

3 少年司法手続で知能検査, 適性検査および学力検査を活用することについて

　司法手続の判断形成過程では, 知能検査, 適性検査あるいは学力検査が必要な場面があります。精神状態や知能レベルは, 処分の軽重の判断材料になるでしょうし, 裁判（審判）決定ばかりではなく処遇選択にも影響します。例えば, 知的障害を持つ少年に処罰を科すか罪に問わずに放免するかという最終決定に影響を及ぼすことがあるでしょうし, 認知能力の鑑別によっては, 裁判（審判）決定内容や介入・処遇方法の選択にも影響を及ぼします。また, 裁判（審判）過程に耐えられるかどうか, あるいは処遇に同意するかどうかなどについて判断する際にも重要な参考情報になります。特に少年司法手続から成人の刑事司法手続に事件が移される場合, 精神状態や知能レベルに関する判断が求められる場合が多く, カナダの少年犯罪者法においても少年の犯罪事件を成人の刑事司法手続に移送する場合には, 必ず精神面や知能面の査定を行うように義務づけています。
　これらの精神面や知的能力の発達状態あるいは成熟の度合いの調査に

訳注28) 最新版はKaufman Test of Educational Achievement, Second Edition, 2004 (KTEA-II, Alan S. Kaufman and Nadeen L. Kaufman)
訳注29) 最新版はPeabody Individual Achievement Test-Revised/ Normative Update 1997
訳注30) 最新版はStanford Achievement Test, Tenth Edition, 2002

は，個別知能検査，集団知能検査，あるいはその他の能力適性検査が活用されています。簡易な検査でも思考能力を客観的な数値で知ることができ，また，多くの検査が標準化されているので，被験者の能力がどの年齢水準にあるのか示してくれます（例：被験者（12歳）の思考力・記憶力は，標準的な6歳児と同じ水準にある）。

　すでに触れてきましたが，個別知能検査や精度の高い能力適性検査は，知能や思考力に関する詳細で専門的な情報を提供するだけではなく，被験者の精神状態を判断する際にも有意義な情報を提供します。あるいは，読解力解明のために作られた専門検査が示す値は，被験者が訴訟に耐えうる知的能力を有するか判断する際に重要な情報になることもあります。また，注意欠陥（欠如）多動性障害，学習障害，脳損傷，言語障害などについては，個別知能検査，能力適性検査あるいは神経心理学的検査を用いて障害の程度を査定できるとされていますが，これらのアセスメントの結果は司法手続上必要な精神状態や思考能力の発達水準などの判断に重要な影響を及ぼします。

　能力適性検査と学力検査の結果が再非行リスクの査定で参考になることもあります。知的能力面や学習面の挫折経験が行動の逸脱に結びついているという研究（Crealock 1991；Hirschi and Hindelang 1977）が示すように，標準化された能力適性検査や学力検査で精査された思考力や学習能力は，再非行リスクの査定や処遇方法の選択において参照すべきと言えます。

　福祉的な措置や教育的措置を判断する場合，当該少年の背景にある問題傾向を明らかにすることが重要です。思考力，学習・就業上の適性や学力における問題は，少年の非行発生原因に深く関与していると考えられ，これらの傾向を示す個別知能検査や能力適性検査の果たす役割は重要で，第1章で触れたように現実的かつ有効な介入方法を考察する際には，これらの検査結果等を慎重に分析しなければいけません。

　反応性についてすでに紹介しましたが，介入方法を選択する場合，処遇への反応性，すなわち処遇や介入を受け入れることができる能力について

検討する必要があります。我々が提唱する「The General Personality and Social Psychological Model of Criminal Conduct（犯罪行為の人格／社会心理総合論）」では，介入・処遇法を考察する際に少年の思考力や認知能力を検討することを重視し，標準化された能力適性検査（一般的な知能および職業適性能力）や学力検査は，処遇方法の選択には欠くことのできないものと考えています。処遇技法には思考力の問題を克服し，その機能を適正に発達させることに焦点を当てたものがありますが，その他にも特定の問題傾向に結びついた処遇・教育方法があるので，まず本人の問題がどこにあるのか明らかにするのは重要です。後の章で認知面の問題傾向とそれを克服する介入技法の組合せモデルについて説明してみたいと思います。処遇や介入を受け入れられるかどうかという点についても認知能力，学力およびその他の能力適性の鑑別が必要になります。

　最後に本章のまとめとして，能力適性検査や学力検査に関する留意事項を３点述べておきます。

　この章で紹介した検査は，多少の違いはあるもののいずれも時間をかけて検定作業を繰り返し，改訂を重ねてきたものですが，統計学的・計量心理学的な基準から見ると完成までには至っていません。だからといって，これらの検査を否定するつもりはありませんが，この限界をよく知った上で注意して使用する必要はあるでしょう。

　また，検査を実施したり，検査結果を解釈したりする際に，検査者は十分に専門性を身につけるという点も留意すべきでしょう。検査によって求められる専門性のレベルは異なりますが，一般的な能力適性検査でも一定の専門的知見を必要とするものと考えます。

　最後に，能力適性検査類を司法手続における審理や判断形成に用いる際に留意すべき点について述べてみたいと思います。Grisoo（1986），Halleck他（1992），Melton他（1987），RogersとMitchell（1991）らは，心理検査が検出しようとしている概念と，司法手続上の概念とに差がある点に着目しています。思考能力を例にとると，知能検査が検出しようとしている思

考能力と，法手続において明らかにすべき知能（訴訟に耐え得る能力等）とでは，概念が一致しない場合があります。また，事件を少年司法手続から成人の刑事手続に移す場合，法律や制度上の規定で精神面の成熟度を明らかにした上で移送の可否を判断すると定める制度が多いのですが，司法手続が求める精神的成熟とは心理検査他で示される精神的成熟度よりも，概念が狭く等定されています。このように司法手続上の概念の差異に留意して検査結果を活用すべきです。

第5章
性格，態度および行動面のアセスメント

　この章では少年の性格，行動傾向，態度を測定・査定できる心理検査について述べてみたいと思います。これらの検査には，まずうつ状態，精神病，あるいは精神病質といった精神病領域の病態を明らかにしようとするものがあります。チェックリストや採点表形式により対象者の表面的な行動面の観察等をまとめて行為障害，引きこもり，不安といった性格・行動面の特徴を明らかにするもの，構造化（あるいは半構造化）された面接法を用いて性格・行動傾向を明らかにするもの，さらには基本的な態度等を調査して，対象者が犯罪行為，裁判や法廷，麻薬乱用といったことについてどのような考え方や受け取り方をしているか示すものまでさまざまなものが含まれています。

　これら性格，態度，行動面に関する検査のうち代表的なものを紹介したいと思いますが，前章でも述べたように広範にわたる検査を全部網羅することは不可能なので，近年研究対象として取り上げられたものや，少年業務に関わりが深いものを選んでみました。この章で述べていることは，MashとTerdal（1988），MeyerとDeitsh（1996），Sattler（1992）他の著作や，"The Test Critiques and Mental Measurements Yearbook" シリーズでも論じられ，紹介されているので参照してみてください。また，この章で単独の検査として取り上げているものが，後の章で総合的なアセスメント法の一部として他の検査と組み合わせられたり，診断法の一部に組み込まれたりして使用されることがあります。

表5-1 性格検査

検査名	出版元
Basic Personality Inventory (BPI)	Research Psychologists Press/Sigma
High School Personality Questionnaire	The Psychological Corporation
Jesness Inventory	Counseling Psychologists Press
Millon Adolescent Personality Inventory (MAPI)	National Computer Systems
Minnesota Multiphasic Personality Inventory-Adolescent (MMPI-A)	National Computer Systems
Personality Inventory for Youth	Western Psychological Services
Reynolds Adolescent Depression Scale	Psychological Assessment Resources

1 性格検査

　性格検査は，テスト用紙と鉛筆さえあれば簡単に実施できる自己採点方式のものから，検査の実施と採点がコンピューター化された簡易で進んだなものまで，さまざまなものがあります。中には，実施，採点，あるいは解釈に高度な専門知識と経験が求められる検査もあります。

　表5-1に少年用に作成された標準化性格検査を掲載しました。そのうち，Jesness Inventory と Minnesota Multiphasic Personality Inventory-Adolescent[31]の2つは，総合的な性格検査では草分け的な存在と言えるでしょう（第7章参照）。

　Basic Personality Inventory（BPI, Jackson 1995）は，240の設問を有し，小学5年生以上の少年を対象にした総合的な性格検査で，12の指標（心気症，抑うつ，否認，対人摩擦，疎外，被迫害観念，不安，思考のゆがみ，衝動性，引きこもり，自己卑下）によって性格傾向を示すように作られています。

　この検査を考案したJackson（1995）はその後も検証を重ねた末に，少年に関する典型的な性格傾向を7タイプに類型化しました。7タイプとは，精神保健不適応タイプ（Mental Health Maladjustment Type），対人

訳注31) MMPI-A，MMPIの中では初期に作られたもの。

関係不適応タイプ（Interpersonal Maladjustment Type），反社会タイプ（Antisocial Delinquency Type），体調不良哀訴タイプ（Somatic Complaints Type），反抗・挑戦タイプ（High-Risk Rebelliousness Type），防衛・否認タイプ（Defensive Denial Type），でたらめ反応タイプ（Random Responding Type）となっていて，最後の2タイプは，この検査結果の有効性の検証に使われています。この7類型は，先の12の基本的な指標を性格のパターンとしてより明確に表していると言えるでしょう。BPIは数量心理学的な検証により信頼性や妥当性といった面で適正な検査と言われていて，特に非行少年の鑑別・調査において検査結果の有用性が証明されています（Jaffe, Leschied, Ses and Austin 1985 ; Lescheid, Austin and Jaffe 1988）。

表5－1に掲載したテストの多くはBPIの性格類型をベースに，それらとよく類似している性格の側面についてスコアを示すように作られていますが，中にはBPIによる性格類型以外の情報を提供してくれるものもあります。例えば，Millon Adolescnet Personality Inventory（MAPI）（Millon, Green and Meagher 1982）は，（1）少年特有の性格タイプ，（2）少年の興味関心分野，（3）行動面の環境への適応力といった分野について分析を行い，その結果に基づいて性格特性を類型化（類型およびその定義については，表5－2参照）して被験者のタイプを示しています。関連文献は多く残されていて，各種臨床現場で少年たちの性格特性解明のためにどのように本検査を活用しているか説明しています（Woodward, Goncalves and Millon 1994）。

表5－1に掲載した検査はいずれも適切に標準化され（非行少年グループからサンプルを抽出して標準化した検査もある），計量心理学的な検証を数多く経て適正な信頼性を持つ検査であると説明されています。しかし，妥当性については問題なしとは言えません。まず概念構成妥当性ですが，検査によっては性格や行動傾向の概念を明示していないものがあり，検査結果が何を指しているか明らかではないものがあります。また，変化妥当性についても適正に設定できていない検査があり，被験者の変化に対応でき

表5-2　Millon Adolescent Personality Inventory Scale Descriptions

(1) 性格タイプ	
内向型	おとなしくて感情を表に表さない。他者に対して無関心で社会的に孤立しがちなところがある。
自己抑制型	恥ずかしがりで、集団内では不安を感じやすいので一人でいることが多い。しかし、周囲から拒否されることを恐れる。
追従型	自己主張を避け、周囲に追従しやすい。実力を発揮できず、自己評価が低い。対人関係では親切で相手の心情を理解する。
社会協調型	話好きで、魅力的なところがある。感情表現が多彩。周囲と打ち解けやすく、長期間良好な関係を維持することが可能。
自信過多型	自分の能力を過大に評価し疑ったことがない。周囲からは自己中心的と思われている。周囲の人間を尊重しないところがある。
強圧型	集団をリードし支配する。自分の意思を貫く。ぶっきらぼうで周囲に対する許容度が低く、親切な対応ができない。
規範型	規範を重視し、まじめで有能。規則正しい生活を好み、異例な事態や予測不能な事態が生じることをできるだけ避けようとする。常に正しい行動を心がけている。
情緒不安定型	気分の浮き沈みが激しく、不機嫌なことが多い。周囲に対する不平不満が強く、それを態度に表す。
(2) 興味・関心を示す分野	
自己概念	自己イメージ、自分自身のアイデンティティーの明確化
自己評価	自己に関する評価や満足度
性的関心	高まる性的関心や性的衝動に関連した態度や考え方
友達関係	友人から受け入れられているかどうか、自分でどのように感じているのか
社会性	周囲の人間、特に友達に示す理解度・許容度
家族関係	家族関係における摩擦・緊張の度合い
学校教育	学業、成績に対する満足度
(3) 行動面の適応力	
衝動の抑制	問題行動や衝動的な行動の抑制レベル
社会適応	規範遵守の習慣を守れるかどうか、社会規範に対する態度
学力	自己の低学力に対して感じていること、考えていること
学校適応	登校恐怖や怠学の兆候

出典：T. Millon, C. J. Green and R. B. Meagher, Jr., (1982). Millon Adolescnet Personality Inventory Manual. Minneapolis, MN: National Computer Systems. Used by permission of National Computer Systems.

ず、年齢的な変化を測定して明示することができないものがあります。このような限界がある点を認識した上でこれらの性格検査を使用する必要があると言えるでしょう。

表5－3　自己概念に関する心理検査

検査名	出版元
Culture-Free Self-Esteem Inventory	Research Psychologists Press
Multidimensional Self-Concept Scale	PRO-ED
Piers-Harris Children's Self-Concept Scale	Western Psychological Services
Self-Description Questionnaire	Marsh and O'neill (1984)
Self-Esteem Index	Psychological Assessment Resources

　表5－3には，自己概念を測定するために作られた性格検査をリストアップしました。自己概念とは，簡単に言えば自分自身のイメージと言えるでしょうが　もう少し細かく定義をしたものでは「自分の持つ能力，技能，力量，外見および社会的信頼というものに対する自分自身によるとらえ方，感じ方および認識」(Byrne 1984, p.429) というものがあります。自己評価は自己概念の一面で，自分自身に対するイメージを明確にして評価したものですが，非行少年の場合，過大に高く自己評価をしている場合と，逆に不必要に低く自己評価をしている場合があります，いずれの場合も問題行動を生じやすいので，少年にカウンセリング等を実施する場合には自己評価が非常に重要な要素になります。

　ところで，自己概念の定義はかなり議論が分かれていて（Byrne 1984, 1996；Hoge and Renulli 1993)，自己概念を構成する個々の要素の定義方法の差異や，自己評価概念の包括的な定義の重要性を巡って議論がたたかわされてきています。このような議論は別として，表5－3で紹介している検査は，被験者である少年が自分自身についてどのように感じ考えているのか，あるいは自分自身をどのように評価しているのかといった点について有意義な情報を提供してくれます。

　Multidimensional Self-Concept Scale (Rotatori 1994) を例に取ると，自己概念に関連する6つの側面（社会性，能力適正，感情，学力，身体的な外見，家族関係）について150の質問が準備されていて，被験者自身が自分自身で各側面を評価して回答するように作られています。この検査は，臨床現場等で活用しやすく，解説書には信頼性と妥当性を検証するのに十

分なデータが掲載されています。より広範に自己概念を調べる検査もあり，例えばSelf-Description Questionnaire（Marsh and O'Neill 1994）は，学力に関する3分野（読解，算数・数学，その他の一般教科）とそれ以外の4分野（運動神経，身体的外観，友人関係，親子関係）について，自分自身についてどのように感じ，また考えているか検査できるように作られています。この検査の検証研究もかなり行われていますので，その他自己評価に関する検査の講評も含めて，Byrne（1996）の自己評価に関する論文を参照してみて下さい。

2　行動検査

次に紹介する検査は，被験者の社会性あるいは行動や情緒面のコントロール能力を測るために作成されたもので，簡易な自己採点方式かチェックリスト方式を採用しています。被験者が自分の行動傾向の特徴について自己採点していくものと，被験者の行動を良く知る両親，教師，友人，保護関係機関の職員，精神科医あるいは心理士などが採点するものがあります。ここでは，1）対人関係や行動面の異常や問題を測る検査，2）自己採点式の行動検査で，主として非行，あるいはその他の自己破壊的な行動傾向に焦点を絞って作成された検査，3）発達障害を負った少年の社会適応的な行動傾向を測定する検査について説明します。

2−1　対人関係，行動面および情緒面に関する検査

表5−4は，対人関係面，行動面，情緒面に関係する行動検査で，特に各行動面の問題傾向の度合いを測定するものです。代表的な例として，The Revised Behavior Problem Checklist（RBPC, Quay and Peterson 1987）を紹介しますと，この検査には85の設問があり，少年をよく知る者（保護者，教師，保護関係機関の職員，臨床心理士など）がチェックを行うように作られています。設問は，特殊な行動傾向（例えば，「破壊的行動傾向」

表5-4　対人関係面，行動面，情緒面に関する検査

検査名	出版元
Adjustment Scale for Children and Adolescents	McDermott, Marston, and Stott (1993)
Behavior Assessment System for Children	Reynolds and Kamphaus (1992)
Brief Psychiatric Rating Scale for Children	Overall and Pfefferbaum (1982)
Child Behavior Checklist (Parent)	University Associates in Psychiatry/Guidance Centre
Child Behavior Checklist-Teacher Report Form	University Associates in Psychiatry/Guidance Centre
Conners Teacher Rating Scale	Multihealth System
Devereux Adolescent Behavior Rating Scale	Devereux Foundation
Revised Behavior Problem Checklist	Quay and Peterson (1987)
Youth Self-Report Inventory	University Associates in Psychiatry/Guidance Centre

「意図的に周囲の邪魔をして悩ます傾向」「感情のコントロールが取れなくなる傾向」など）を明らかにするもので，検査結果はこれら不適応水準を数値で表します。また，これらの行動傾向の測定とは別に，被験者を行動上の障害や問題傾向により6つのタイプ（行為障害（conduct disorder），一定の社会性はあるが攻撃的なタイプ（socialized aggression），注意力散漫・未熟（attention problems-immaturity），抑うつ・不安傾向（anxiety-withdrawal），精神病的な行動傾向（psychotic behavior），過度の身体運動的緊張（motor tension excess））に分類して，被験者がどのタイプに当てはまるか表示します。本検査の実施マニュアルには，標準化のために臨床現場や一般社会からサンプリングされたデータが掲載されています。また，初期のBahavior Problem Checklistには，収容すべき矯正施設の種別を判断する際に活用できるチェックリストも掲載されています（第7章参照）。

　Child Behavior Checklist[32]（Achenbach 1991a）とChild Behavior checklist-Teacher Report Form（Achenbach 1991b）は異なる対象者（情

訳注32）CBCL。2001年に改訂

報源）に実施するもので，検査結果は，Revised Behavior Problem Checklistと類似したスコア分類で表示されます。表5－4で紹介している検査の特徴は，複数の異なった対象（情報源）に検査を実施するところにあり，保護者や教師を対象にした質問検査とともに，被験者である少年自身がチェックできる解答用紙（「Youth Self-Report Inventory」が自己採点式のみを採用している）を用意しています。また，標準化された行動観察法や（Direct Observation Form, Achenbach 1991b），半構造化された面接技法（Semi-structured Clinical Interview for Children, McConaughy and Achenbach 1990）も作られていて，これらの異なった手法を用いて複数の情報源から少年の感情面や行動面の適応力に関するデータを収集できるようになっています。Behavior Assessment System for Children（Reynolds and Kamphaus 1992）もその一つで，多くの行動の側面について異なった対象から情報を得るようになっていて，行動面の特徴や能力の調査に用いられています。教師，保護者，そして少年自身によって行動特徴をチェックできるようになっていて，行動観察や生育歴を聞き取る面接に使う記録用紙やマニュアルも整備されています。

　表5－4に掲載した検査はすべて統計的な検証調査が行われていて，計量心理学的な情報は十分にそろっています。信頼性や基準関連妥当性についてはいずれも適切な水準に保たれていて，各検査の解説書には臨床現場と一般社会からサンプリングされたデータが掲載されています。しかし，性格や感情面の適性や障害について検査に使用する場合，妥当性について留意しなければいけません。行為障害を例にとると，検査間で行為障害の概念に差があり，検査によってはその結果が行為障害を測っているかどうか疑問視されているものもあります（Hoge and Andrews 1992 ; Waldman, Lilienfield and Lahey 1995）。自由を拘束して収容する場所の選定や精神・心理的障害レベルのアセスメントのためにこれらの検査を用いる場合には，検査の限界に十分に配慮し，それぞれの特性を十分に理解した上で使用する必要があります。

表5−5　自己採点式非行・犯罪傾向および自己破壊行動傾向に関する検査

検査名	出版元
Adolescent Drinking Index	Research Psychologists Press/Sigma
Antisocial Behaviours Scale	Forth and Brown (1993)
Drug Abuse Screening Test	Skinner (1982)
Drug Use Screening Inventory	Tarter (1990)
Eating Disorder Inventory-2	Garner (1996)
Self-Report Delinquency Scale	Elliott et al. (1989)
Self-Reported Delinquency Scale	Mak (1993)
Suicidal Ideation Questionnaire	Research Psychologists Press/Sigma

2−2　反社会傾向や自己破壊行動傾向に関する検査

　表5−5には，反社会傾向と自己破壊傾向を明らかにするように作られた自己採点方式の検査を掲載しました。少年の非行傾向を測定するように作られた検査もあり，例えば，Self-Reported Delinquency Scale (Mak 1993) などは，軽い非行から重いものまで，被験者である少年がどの程度非行に関与してきているのか明らかにするものです。自己申告した情報に基づいているので，収集した情報は慎重に分析しなければいけませんが，注意を払いながら解釈すれば少年の犯罪傾向に関して有益な情報を得ることができます（Elliott, Huizinga, and Menard 1989）。同表に掲載したその他の検査には，特定の問題傾向，例えば薬物濫用，飲酒癖，自殺の危険性，あるいは摂食障害といった傾向について測定するものがあります。

2−3　適応能力に関する検査

　非行少年を処遇していると，知的障害が明らかだったり，疑われたりするケースに出会うことがあります。少年司法では，司法手続に必要な諸判断のための資料として，あるいは処遇指針や適切な心理・教育プログラムを判断する材料として，少年の知的能力を検査する必要があります。これまで紹介してきた知能検査は，発達上のさまざまな障害を負った少年の調査において非常に重要な役割を果たしてきています。一方これらの検査と

表5-6 社会適応能力検査

検査名	出版元
AAMD Adaptive Behavior Scale-School Edition	PRO-ED
Adaptive Behavior Evaluation Scale	Hawthorne Educational Services
Independent Living Behavior Checklist	West Virginia Research and Training Center
Normative Adaptive Behavior Checklist	The Psychological Corporation
Scales of Independent Behavior	Bruininks, Woodcock, Weatherman, and Hill (1984)
Vineland Adaptive Behavior Scales	Sparrow et al. (1984)

は異なり，適応力に関する行動傾向や能力についてより広く検討するために表5-6に掲載した検査が開発されてきました。これらは被験者である少年のことを良く知る教師，臨床心理士，あるいは保護司や福祉関連職員が採点できるように作られています。

Vineland Adaptive Behavior Scales (Sparrow, Bella and Cicchetti 1984)を例にとりますと，発達上の障害や遅滞あるいはその他さまざまな障害を負った少年の社会適応能力，すなわちコミュニケーション能力，身辺処理能力，社会性，運動機能の4分野について測定できるように作られています。対象少年のことを良く知る者が採点する質問紙の他，検査者が少年に面接をして情報を集めることができるように面接者用の記録シートも用意されています。

表5-6で紹介している検査は時間をかけて改善され検証が行われてきていて，知的・認知的能力で発達上の障害を負った少年の適応力について有用な情報を提供してくれますが，HallahanとKaufman (1991) やSattler (1992) が述べているように，検査を実施して解釈するのは専門的な訓練や経験を積んだ者に限るという縛りがあります。

3 面接調査法

面接調査は重要な手法と考えられていて，特に司法手続において人格や

表5-7　面接目録（調査票）

面接目録	出版元
Adolescent Drug Abuse Diagnosis Instrument	Friedman and Utada (1989)
Adolescent Problem Inventory	Friedman et al. (1978)
Child Assessment Schedule (CAS)	Hodge (1985)
Diagnostic Interview for Children	Costello et al. (1984)
Diagnostic Interview Schedule for Children and Adolescents	Herjanic et al. (1975)
Interview for Antisocial Behavior	Kazdin and Esveldt-Dawson (1986)
Psychopathy Checklist	Hare (1991)
Revised Diagnostic Interview Schedule for Children and Adolescents	Shaffer et al. (1993)
Semistructured Clinical Interview for Children	McConaughy and Achenbach (1990)

態度など対象少年の背景にある問題を鑑別するのに有効な方法と言えます。ただし，面接方法は人によって差が出やすく，系統的で構造化された面接手法は限られています。統一されていない面接で収集された情報を臨床現場，学術研究，あるいは施設処遇で用いるのは，客観性に欠けていて適切ではないとする研究は少なくありません（Garb 1989；Murphy and Davidshofer 1988；Siassi 1984）。

　この伝統的な調査手法とも言える面接法を改善する動きが最近活発化していて，適切に標準化された面接技法が開発され，利用できるようになっています（Gutterman, O'Brien and Young 1987；Hodges 1993）。表5-7に掲載しているのは，青少年やその保護者を被験者と想定して作成された面接目録です。実施方法はそれぞれ異なっていて，高度に構造化され統一されたものから，検査を実施する専門家の裁量をある程度認めているものまでさまざまです。

　The Child Assessment Schedule (CAS) (Hodges 1985), The Diagnostic Interview for Children and Adolescents (Herjanic, Herjanic, Brown and Wheatt 1975), The Diagnostic Interview Schedule for Children (Costello, Edelbrock, Dulcan, Kalas and Klaric 1984), The Revised Diagnostic Interview Schedule for Children (Shaffer, Achwab-Stone, Fisher, Cohen,

Piacentini, Davies, et al. 1993）などは，面接技法を採用した少年の精神・心理面の臨床的な診断法ですが，これらはいずれもDSM-ⅢR／DSM-Ⅳの診断基準を活用してスコアリングができるようになっています。DSM-Ⅳ[33]については後に説明したいと思いますが，精神科診断基準として広く活用されています。

　CAS（Hodges 1985；Hodges, Cools and McKnew 1989）は非行少年の心理機能のアセスメントではよく使われる面接法で，広い領域にわたって系統的に面接できるように作られています。第1部は構造化された質問で構成され，対象少年の心理面に関連する事項，行動傾向，学校や家庭での生活状況，あるいは住生活環境などについて広く網羅した質問集になっています。質問方法やスコアリングの方法に関する詳細なマニュアルも準備されています。第2部は面接実施者が，臨床的な専門性に基づいて総合的な判断や意見を記載できるように作られています。CASはDSM-ⅢRの診断基準（例えば，注意欠陥多動障害，不安障害，反抗挑戦性人格障害など）を用いて精神面の異常や心理・感情面の異常を点数化して（Symptom Complex Scales）示すように作られています。基本的には精神科医や心理士といった専門家が検査を実施することになっていますが，特別な訓練を受けた後であれば，これらの専門家以外でも検査を使用できます。

　構造化面接法に関する研究（Gutterman et al. 1987；Hodges 1993他）が最近盛んに行われる中で，計量心理学的な見地から面接法の信頼性の問題や，精神障害の類型他に関する概念妥当性について問題が指摘されてきているので（Last 1987；Werry 1992など），実施に際して注意が必要です。

　その他の検査では，The Semistructured Clinical Interview for Children（McConaughy and Achenbach 1992）は，すでに説明したThe

---

訳注33）最新版はDSM-Ⅳ-TR（第4版修正版）。DSM, Diagnostic and Statistical Manual of Mental Disorders（精神障害の診断と統計の手引き）は米国精神医学会（American Psychiatric Association）が定めた診断基準で，世界中で広く活用されている。

Child Behavior Checklistの姉妹品という位置づけになっています。The Adolescent Drug Abuse Diagnosis Interview (Friedman and Utada 1989), The Adolescent Problem Inventory (Friedman, Rosenthal, Donahoe, Schlundt and Mcfall 1978), The Interview for Antisocial Behavior (Kazdin and Esveldt-Dawson 1986), Psychopathy Checklist (Hare 1991) は，主として少年の反社会的態度や行動を調べる目的で作成されています。態度検査については本章の5で改めて説明します。

4 その他のタイプの性格・行動検査

少年司法制度でよく用いられているその他の性格・行動検査として，次の2つのタイプがあげられます。まずは投影技法と呼ばれている検査で，The Children's Apperception Testやロールシャッハテストがこれに相当します。これらの検査を実施するためには，検査法，スコアリング，集計および解釈について高度に専門的な訓練を受ける必要があります。

次のタイプとして，構造化された行動観察法があげられます。The Direct Observation Form (Achenbach 1991b), The Classroom Observation Code (Abikoff and Gittelman 1985) などがこれに相当します。これらを活用することで，適応的行動など有用な情報を得ることが可能ですが，実施するのに時間がかかるところが難点と言えるでしょう。

MashとTerdal (1988), あるいはSattler (1992) が投影法と行動観察法について詳細に検討した論文を発表していますので，関心がある方は参照してみて下さい。

5 態度，価値観および信条に関する検査

非行・犯罪理論では，少年の態度，価値観および信条が犯罪敢行に深く関係していると指摘されていますが，経験科学的にもそれらが主要な犯罪

表5-8 態度，価値観および信条に関する検査

検査名	出版元
Attitudes Toward Institutional Authority	Rigby (1982)
Attitude Toward Legal Agencies	Shaw and Wright (1967)
Attitude Toward Probation Officers	Shaw and Wright (1967)
Criminal Sentiments Scale	Gendreau et al. (1979)
Neutralization Scale	Shields and Whitehall (1994)
Pride in Delinquency Scale	Shields and Whitehall (1991)
Revised Legal Attitudes Questionnaire	Kravits, Cutler, and Brock (1993)

要因であることが立証されています。司法手続では，この態度，価値観および信条という面を，再犯リスクのアセスメントや更生に向けて改善すべき問題点の解明に用いるようになっていて，これらを明らかにする検査が司法判断において重要なものと考慮されるようになっています。表5-8に態度検査の例を掲載しましたが，いずれも学術研究の分野で，あるいは臨床現場において注目されているものです。

The Criminal Sentiments Scale (Gendreau, Grant, Leipciger, and Collins 1979) を例にとりますと，自己記入方式を採用して次の3分野に関する41項目の設問に回答するようになっています。

1）法律，裁判所，警察に対する態度
2）法律違反に対する許容度
3）他の犯罪者と自分を同一視する度合い

検査を受けるには小学6年生程度の読解力が必要ですが，読解力が十分ではない場合面接方式でも実施できるようになっています。検査結果の検証についてはShieldsとSimourdが1991年に論文を発表しているほか，Simourdが独自に検証した研究が発表されています。これに類似した検査として，The Pride in Delinquency Scale (Shields and Whitehall 1991) があげられます。これは犯罪行為に対して少年がどのように感じて，どのよ

うな態度を示しているか調べるものです。検査では、特定の犯罪（例：幼児わいせつ者を攻撃して打ちのめす行為、コカインの密売や強盗犯罪を目撃しながら警察に通報しない行為など）に対する反応を調べて、被験者がそれらの行為を誇り（あるいは恥）に思っているか測定するようになっています。この検査の検証については、ShieldsとSimourdが予備的な調査を行っています（1991）。

BrodskyとSmithermanによる初期の研究（1983）の中に、司法手続に関連する心理検査を検証して、非行少年のアセスメントとして適しているものを紹介したものがあり、その中に態度検査がいくつか含まれています。計量心理学的見地から、態度検査は他の標準化された性格検査や行動検査と比較して、一般的に統計的な検証に使えるデータが少ないと指摘されていますが、犯罪要因として少年の態度や認知能力への関心が高まりつつあり、今後は実証的な研究が積極的に行われるようになると考えられます（例：Andrews and Bonta 1994 ; Guerra, Huesmann and Hanish 1994 ; Hawkins et al. 1992 ; Hoge, et al. 1994）。

6 少年司法制度における性格，行動および態度検査の役割

これまで説明したように、性格、行動傾向および態度に関する情報には少年司法手続の判断形成に寄与する重要なものがたくさんあります。実際の司法手続でこれらの情報が参照されることは多いのですが、一方で、情報収集を非定型な手段、すなわち構造化されていない面接や行動観察といった手段に頼ってきたところがあり、そのような調査手法の信頼性や妥当性について問題が指摘されています。標準化検査を活用することで、性格、行動傾向および態度など資質の調査の質を向上させることが可能と考えられますので、その点について考察してみたいと思います。

まず、審判決定等処分決定の軽重に影響する要素として考えられる逸脱

行為や問題行動の背景要因に焦点を当てた検査をとりあげてみます。例えば，感情・情緒面や行為面に重い障害が認められる場合，刑事処分の最終判断を下す際に，処分を軽くすることがあります。もちろんその場合，障害に対する治療や処遇面で充分な配慮をして特別な措置を検討し，実施されることになります。「MMPI-A」「The Revised Behavior Checklist」「The Basic Personality Inventory」は，このような感情面や行動面の問題の度合いについて客観的な情報を提供してくれる代表的な検査です。また，反社会的で犯罪を肯定する態度や価値観を持つ少年は，そのような傾向が認められない少年と比べて非行・犯罪傾向が進んでいる場合があり，先に紹介した態度検査は，処分内容について判断を下す際に有用と言えるでしょう。

　精神面の成熟度や知的な発達度について測る検査は，少年が裁判（審判）手続に耐えられるか，処遇内容を理解して受け入れられるか，あるいは成人刑事裁判手続に耐えられるかといった判断に影響を及ぼします。また，性格や行動面等の検査には精神障害に関係する情報を提供し，司法判断を助けてきているものがあります。「MMPI-A」や「The Psychopathy Checklist」といった検査や，「DSM-Ⅳ」のように構造化面接法を用いた診断基準なども活用されています。精神障害に関する検査については第7章でも説明します。さらに，環境適応に関する能力を測る標準化検査があるのですが，その検査結果も精神的な成熟度や裁判（審判）手続への適応能力の判断に用いられます。

　司法心理では，再犯リスクアセスメントも重要な領域で，ここでも性格，行動傾向および態度等の検査が重要な役割を果たしています。前述した「The Revised Behavior Problem Checklist」「The Basic Personality Inventory」「MMPI-A」が示す知能，性格，行動傾向および態度といった要素が，犯行関与の可能性と深く関係していることが，近年多くの研究によって確認されています。

　審判までの少年の処遇方法や，審判で決定する最終的な処分の内容は，犯行の主要因や少年の能力水準に応じて設定されるべきであり，これらを鑑

別して明らかにすることは非常に重要です。我々が提唱する「犯罪行為の人格／社会心理総合論」（Andrews and Bonta 1994；Andrews et al. 1990）でもこの点を明らかにしようとしていて、犯罪行為に結びついている背景要因を精査し、その中で改善可能性がある問題点を特定することの重要性を強調しています。特に行動傾向と態度の調査は大変重要で、行動の偏りや態度の歪みを明確にすることで、処遇効果が期待できて、今後変化する可能性のある課題を浮き彫りにすることができると考えます。

　また、少年がどの程度処遇や介入に対応できるか、その反応性を調べることも重要です。面接などの介入方法あるいは収容期間や場所といった処遇形態について少年の反応を考慮に入れて、どのような方法が少年に適しているか判断する場合、性格、行動傾向、あるいは態度に関する検査は適切な方向性を示してくれます。例えば、少年の態度や価値観の調査から、反社会性を帯びておらず、基本的に一般社会に適合した価値観を持っていることが明らかな場合、その少年の内面の問題に対処する処遇方針を立てる際に非常に有用です。同様に、攻撃的で加虐的な行動傾向を有するという情報は、保安レベル等の処遇形態の判断に非常に重要です。このように、それぞれの少年にとって適切な処遇方法や形態を判断する際に、性格、行動傾向、態度検査はいずれも重要な役割を果たしています。

　以上、検査の有用性について述べてきましたが、気をつけなければいけない点が２つあります。第一に、多くの性格検査に見られるように、検査の実施と結果の分析および解釈に専門性を必要とすることがあげられます。スコアリングや解釈部分がコンピューター化された検査が出てきて、検査が実施しやすくなっていますが、それでも検査結果を解釈をする際には専門知識は不可欠です。

　第二の点は、計量心理学的観点からの指摘で、検査内容に対する信頼性と妥当性に関するものです。これまで紹介してきた検査は一定レベルの信頼性と妥当性を有していると考えられていますが、限界もあります。使おうとしている検査の信頼性と妥当性について、問題点をあらかじめ十分に

理解した上で検査を実施することが必要です。この点の問題については第8章で触れてみたいと思います。

第6章

環境要因のアセスメント

　少年犯罪者の鑑別・調査では，個人の性格や行動傾向に焦点が当てられ，環境要因にそれほど関心が払われてこなかったところがあります。現在では環境要因の見方は変わり，司法心理学の研究や理論あるいは実践において，少年が身を置くすべての生活環境に関する調査の重要性が認識されています（Bronfenbrenner 1979, 1986）。生活環境とは，例えば家庭における親子関係，その他の家族や親類との関係，友達関係，学校生活，居住地域の環境といったものが含まれるでしょう。

　特に最近の少年の非行・犯罪要因の研究では特に家庭，友達関係，居住環境といった側面に焦点が当てられるようになっています（Andrews et al. 1992 ; Elliott et al. 1985 ; Henggeler et al. 1991 ; Loeber and Stouthamer-Loeber 1986 ; Yoshikawa 1994）。これらの要因が，非行・犯罪行動にどのように影響するのか完全に解明されてはいませんが，例えば，非行・犯罪の発生リスクに関する研究では，家族関係を要因として組み込むことでリスク査定の精度が高くなるなど，環境要因が非行に関係していることがわかってきています（Blaske, Borduin, Henggeler and Mann 1989 ; Hoge et al. 1994）。

　中でも児童福祉モデルを採用している少年司法制度では，環境要因を重要視します。「犯罪行動の性格および社会心理学モデル」（Andrews and Bonta 1994 ; Andrews et al. 1990）のように，さまざまなモデルや理論を統合して犯罪や非行機制を解明しようとするアプローチでも，非行に強く影響を及ぼす要因として環境要因を取り上げています。そこでは非行少年への介入法として，家族関係改善プログラム，友人関係への介入プログラ

ム，あるいは生活環境改善プログラムといった働きかけの必要性が認識され，少年司法において欠くことのできない有効な処遇方法ととらえられています。その一方で，他のモデルを採用した司法制度では環境要因は司法判断に関係しないとしているものがあります。しかし，そのような制度でも非公式に環境要因が司法判断に影響を及ぼすことがあります。実際に私たちが行った調査（Hoge, Andrews and Leschied 1995）でも，ある司法制度下で少年院送致になったケースを検討したところ，その制度では公的には非行・犯罪行為の程度のみに基づいて判断を下すことになっていながら，家庭環境の問題が施設収容決定に強く影響していたことが判明しています。多くの少年司法手続では，社会的あるいは福祉的な要素がどのように取扱われるか明確に規定されていないことが多いことから，このような事態が生じやすいのだと考えられます（Markwart 1992）。

　このように，公式な取扱いには差がありますが，家庭や社会環境といった側面が司法判断に影響を及ぼすことは明らかです。しかし，調査方法を見てみると多少標準化された検査が出てきていますが，多くは体系化されていません。ここで少し家族機能，両親の養育方法，学校での適用状況，交友関係といった面に関する検査法について概観していきたいと思います。

　また，別の視点になりますが，処遇環境という点についても章の後半で説明します。処遇環境とは，犯罪少年の矯正教育のために用意された指導の場や枠組あるいは指導方法を指しています。こちらの検査法は，主として学術研究における調査の要請から，あるいは，処遇や教育環境の評価法の開発の要請から，環境面の標準化検査の必要性が生じていました。処遇効果を適正に測定するには，まず調査対象となる処遇環境や処遇方法をできるだけ客観的に把握しなければなりません。処遇の種類や枠組を明確にして整理することは，個々の少年に適した処遇方法を検討し選択する際に役に立ちます。少年の抱える問題や資質を適切に検討して少年に合った処分を決めるために，処遇や処罰の枠組や手法を明確に把握する必要があるでしょう。いずれにしても，本章では少年司法手続における処遇環境に関

表6-1　家族機能検査

検査名	出版元
Family Adaptability and Cohesion Evaluation	Olson, Partner, and Lavoie (1985)
Family Assessment Device	Epstein, Baldwin, and Bishop (1983)
Family Assessment Measure III	Multihealth Systems
Family Beliefs Inventory	Roehling and Robin (1986)
Family Environment Scale	Moos and Moos (1986)
Family Events Checklist	Patterson, Reid and Dishion (1992)

する調査方法やその役割，あるいは必要性といった点について説明していきます。

1　家族機能と養育方法に関する調査・鑑別方法

　家庭調査に使う標準化検査を，1) 総合的に家庭環境を調査する検査と，2) 養育方法や親子関係に焦点を当てた検査に大きく分類して説明していきます。主として自己採点方式と面接方式による検査を紹介しますが，その他にも行動観察法や投影法などがあるので，そちらについては参考文献を参照して下さい（Jacob and Tennenbaum 1988 ; L'Abate and Bagarozzi 1993 ; Touliatos, Perlmutter and Straus 1990）。

　表6-1に家族機能に関する検査を6つ紹介していますが，いずれも保護者か少年自身による自己採点方式を採用しています。検査項目などの構成は異なっていますが，家族の機能について有用な情報を提供してくれます。

　The Family Environment Scale（Moos and Moos 1986）はその一例で，被験者は全部で90の設問に答えるようになっています。母親あるいは父親のいずれか一方による養育，義理の父母による養育，あるいは養子または里子としての養育など，少年が養育されている家庭の形態とそれぞれの家族の機能について検査できるようになっています。表6-2に示した家族機能を表す10項目について，それぞれの家族を調べてその主な特徴を示す

表6-2 The Family Environment Scale (Moos and Moos, 1986) における下位項目

1）親密な結びつき（Cohesion）	6）知的・文化的志向（Intellectual-cultural orientation）
2）会話の活発さ（Expressiveness）	7）活発な余暇志向（Active-recreational orientation）
3）葛藤（Conflict）	8）道徳・宗教の強調度（Moral-religious emphasis）
4）自立（Independence）	9）まとまり（Organization）
5）成功志向（Achievement orientation）	10）規則遵守（Control）

ように作られています。例えば，親密な結びつき（Cohesion）という下位項目は，家族構成員同士の親密な援助関係を示し，また，規則遵守（Control）という下位項目では家庭内において規則や手続を尊重する度合いを示しています。MoosとBilingsはこの検査を使って研究を進め，家族の総合的な傾向や志向性について類型化を試みました。その中では葛藤傾向を示す家庭と家族のまとまりの欠如を示す家族が，しばしば少年司法で問題視されてきています。

Family Environment Scale には，一般家庭および問題を抱えた家庭いずれにも適用できる標準化データがそろっているので，非行少年の家庭の状況を把握するのに役に立ちます。Moosらによりこの検査の信頼性と妥当性について検証されていますが（Moos and Moos 1986），この検査が自己記入式で家族の機能に関する被験者の印象が反映されやすいという点について充分に留意して実施する必要があります。被験者個人の印象とはいえ，家族の機能に関する印象は，処遇や介入方法，あるいは処遇環境を検討する際にきわめて重要な示唆を与えてくれます。

次に，保護者の養育方法や親子関係の調査に用いる検査を紹介しましょう。表6-3にある検査のうち，The Parent Risk Scaleは構造化面接法を採用した検査ですが，その他のものは質問紙法やチェックリスト方式になっています。

The Children's Report of Parental Behavior Inventoryは養育方法や親

表6-3　養育方法検査

検査名	出版元
Children's Report of Parental Behavior Inventory	Schluderman and Schluderman (1979)
Parent-Adolescent Relationship Questionnaire	Robin, Koepke, and Moye (1990)
Parent Practices Scale	Strayhorn and Weidman (1988)
Parenting Risk Scale	Mrazek, Mrazek, and Klinnert (1995)
Weinberger Parenting Inventory	Feldman and Weinberger (1994)

子関係を知るのに有効な手段であると評価されています。これはSchaeferにより1965年に発表された保護者の養育方法の分析法をベースに，Schludermanらによって1970年に開発され1983年に改訂されたものです。当初は検査を受ける少年のみが回答するようになっていましたが，後に保護者の自己採点も取り入れるようになり，親子それぞれが「受容－拒否」「心理的支配－心理的自由」「厳格な監督－放任」という養育方法の3側面について答えていくようになっています。この側面はいずれも少年の非行や犯罪行為との関連性が指摘されているものです。この検査法については，信頼性および妥当性に関する検証も実施されています（Schluderman and Schluderman, 1970, 1983）。

2　学校での活動や適応力に関する検査

第4章で学力検査について説明をしました。学力検査は，発達段階に応じた学力面の達成度を客観的に把握できる情報として提供するものです。学力以外の学校内における活動状況や適応状況を調査するのに適した検査法は，教師にとって重要な情報源と言えるでしょう（Hoge 1983 ; Hoge and Coladarci 1989）。第5章で紹介した教師による行動観察用のチェックリストは，少年の教室内での適応状況を調べるもので，例えばThe Revised Behavior Problem Checklist（Quay and Peterson 1987）は，少年が教室で示す攻撃的で反社会的な行動傾向に焦点を当てています。Achenbachによる保護者および教師による検査法であるThe Child Behavior Checklist

表6-4　学校教育に対する態度検査

検査名	出版元
Comprehensive Assessment Program : School Attitude Measure (2nd ed.)	American Testronics
Minnesota School Attitude Survey	SRA
School Interest Inventory	Riverside Publishing
Student Attitude Measure	Butler et al. (1994)
Survey of School Attitudes	The Psychological Corporation

(1991a, 1991b) も，教室における少年の行動傾向を示すように作られています。さらにこの検査（教師版）は，少年の学習への動機づけ，知識獲得に対する姿勢，あるいは努力の程度についても測定できるようになっています。また，少年が学校教育をどう思っているのか，あるいは学校教育にどの程度価値を置いているかという基本的態度や価値観に関する自己採点式の検査もあります。再犯のリスクアセスメントの範疇に含まれる検査でも，学校での活動状況や適応状況について情報を集め，非行・犯罪の危険性の分析に活用できるものがあります。

　学校教育に対する少年の態度や価値観の検査を表6-4に掲載しましたがThe Student Attitude Measure（Butler, Novy, Kagan, and Gates 1994）はその中でも代表的なもので，自己採点方式により，学習意欲，能力に対する自信，学校環境への適応感，学校での活動全般に関する自己評価などさまざまな面について調査します。表6-4の検査はいずれも学際的な研究のために作られているので，検査結果の解釈には注意が必要ですが，教育現場に有用な情報を提供してくれます。

3　交友関係に関する検査

　少年の友人との関係や交際方法は非行や犯罪といった問題行動の背景調査には欠かせないものです。通常交友関係に関する調査は，両親や教師，あるいは少年保護施設の職員を対象にした面接や，実生活上の行動観察か

表6-5　矯正処遇環境に関する調査

検査名	出版元
Community-Oriented Programs Environment Scale	Moos（1986a）
Correctional Institutions Environment Scale	Moos（1986b）
Correctional Program Assessment Inventory	Gendreau and Andrews（1994）
Prison Environment Inventory	Wright（1985）

ら情報を得ることが多いでしょう。

　この分野でも標準化検査が一定の役割を果たすようになっていて，第5章で紹介した行動チェックリストの中には，少年の交友関係に直接関係がある情報を明示するものがあります。Achenbach（1991a）のChild Behavior Checklistには，仲間付き合いに関係する項目（例えば，「悪い仲間との交際を好む」「年下との交際を好む」「年上との交際を好む」など）や，交際方法に関する項目（例えば，「引きこもり」「対人関係上のトラブルが多い」「攻撃的行動傾向」など）があります。また，自己評価に関する検査には，仲間との付き合いを被験者がどのように感じているか測るものがあります。次の章では非行・犯罪リスクに関する検査を紹介しますが，そこでも少年の育成に有害な影響を与える交友関係の調査を重視しています。

4　矯正処遇環境に関する調査

　矯正施設の処遇環境や社会内処遇における指導環境を評価する検査を表6-5にまとめました。もともとこれらの検査は統計的な学術調査や処遇関係機関や職員の業務評価のために開発されたものですが，非行・犯罪少年の処遇環境等を検討して決める際に用いることも可能です。

　Moosによる処遇環境尺度シリーズには，「The Correctional Institutions Environment Scale（Moos 1986a）」（矯正施設の処遇環境調査）と「The Community-Oriented Programs Environment Scale（Moos 1986b）」（社会内処遇プログラムの処遇環境調査）という検査法があります。いずれも90

から100の設問に回答（真偽の二者択一）するようになっていて、処遇実施担当者と施設収容者あるいは社会内処遇参加者がそれぞれ回答できるように作られ、プログラム構成、処遇担当者の態度、処遇担当者との関係、目標設定の明確さといった側面を明らかにします。検査用のマニュアルには、信頼性と妥当性に関する検定結果等が盛り込まれています。

「The Prison Environment Inventory (Wright 1985)」も矯正施設の処遇環境の検査で、48項目から構成されていて、「プログラムの構成」「情緒的反応」「処遇環境」「担当職員のサポート」「活動計画」「安全の保障」「プライバシーの保護」といった側面について測定できるように作られています。この7側面から処遇環境を評価することについて、一応表面的妥当性は保たれていると言われていますが、信頼性と内容妥当性については、現時点ではごく限られた検証研究しか行われていません。

「The Correctional Program Assessment Inventory (Gendreau and Andrews 1994)」は、他の検査よりも後で作成されたということもあって、計量心理学的な検証研究の蓄積が遅れています。この検査は矯正教育プログラムの実施状況を明らかにして効果測定を行うもので、面接法、行動観察法、チェックリスト法により情報を集め、矯正教育のプログラム実施状況、プログラム実施前の心理検査、プログラムの内容、処遇技法の完成度、再犯防止レベル、担当職員の特徴、効果の測定方法といった側面について検査を行います。

この検査は処遇プログラムの内容や特徴を明らかにするばかりではなく、教育内容の質や完成度を示すことができます。「犯罪行動の人格／社会心理総合論」(The General Psesonality and Social Psychological Model of Criminal Conduct (Andrews and Bonta 1994 ; Andrews et al. 1990)) の考え方をベースに、非行や犯罪行為に関係する問題傾向に対処することを目標に、もともと成人受刑者の矯正処遇環境の検査として開発されたものですが、後に少年用の検査も開発されました (Hoge et al. 1995)。

5　少年司法制度における生活環境調査の役割

　少年の非行に家庭が及ぼす影響は大きく，司法手続の中で家族関係や養育方法に焦点を当てた標準化検査の果たす役割は大きいと言えるでしょう。特に虐待等適切さを欠いた養育や家族関係における深刻な問題は，少年のリスク[54]，ニーズ[35]および処遇への反応性（Responsivity[36]）の査定において重要な上，処遇プログラムや処遇環境の選択に大きな影響を及ぼすことになります。少年司法の中で特に福祉や教育的な側面を重視する制度下では，家庭内の問題に強く関心を払っていますが，先に説明したように他の司法モデルにおいても処分の軽重の判断等において家庭等の問題が大きな影響を及ぼしています。

　非行・犯罪傾向が進んだ少年の家庭の問題に対し，どのような介入方法が効果的であるか研究が進められていますが，いずれにしてもまず家族関係を調査して明らかにすることが重要でしょう。Henggeler他による研究では，家族関係の修復や両親の教育的機能の向上に焦点を絞った介入が非行傾向の進んだ少年の処遇に有効であるという結果が出ています。また，他の犯罪要因への介入よりも，家族問題への介入のほうが効果的であるという説もあります（Borduin, Mann, Cone, Henggeler, Fricci, Blaske, et al. 1995 ; Henggeler, Melton, and Smith 1992 ; Henggeler, Melton, Smith, Schoenwald and Hanley 1993）。

　表6-1および表6-3に掲載した検査は，計量心理学的観点では信頼性に関する検証はある程度進んでいるようですが，概念妥当性に関する検証が遅れていると指摘されています。特に家族間の力動の特性や養育方法を理解することは難しく，これらの構成要素の意味づけが検査の中では必

訳注34）訳注7（p.027）を参照。
訳注35）訳注8（p.027）を参照。
訳注36）訳注9（p.027）を参照。

ずしも明確に行われているとは言えません（Holden and Edwards 1989；L'Abate and Bagarozzi 1993）。ただし，困難ではありますが，司法手続きでは家族関係や養育方法について操作的な定義をきちんと行った上で標準化された検査を用いるべきであり，体系化されていない調査法や個人的な判断に頼った調査（実際にはこのような調査は少なくはないのですが）を用いることは好ましくありません。

　学校適応や学校内での活動の状況，あるいは交友関係の調査についても同じことが言えます。こちらも少年の資質鑑別において非常に重要な要素であり，調査には標準化検査を用いるべきですが，多くの司法制度では構造化・体系化されていない調査手法が使われています。

　処遇環境に関する検査は別のタイプの検査で，統計的な研究や処遇法や処遇の場の効果検証の必要性から開発されたものですが，個々の少年の処遇環境や処遇方法の選択に役立つことが分かってきました。

　処遇環境を選択する場合，対象少年にふさわしい警備や監督のレベルに着目して，個々の少年が示すリスク度合いに適合した環境を選ぶべきでしょう。ただし，実際には現実的な選択肢としてどのような処遇環境が準備されているかという点が処遇場所の選択に影響を及ぼしています。Correctional Institutions Environment Scale（矯正施設の処遇環境検査）や Prison Environment Inventory（刑務所環境検査）等では，対象者に合った施設を選択するのに必要な警備段階について客観的なデータを示してくれます。また，処遇方法の選択に有用な情報を提供してくれる検査もあります。少年の能力特性に適合するように慎重に処遇内容を選択すると処遇効果を上げることができると言われていて，それに関する理論や調査研究結果が発表されています（Beutler and Clarkin 1990；Hoge and Andrews 1986；Snow 1991）。これまで何度か説明しましたが，学習能力や反応性（Responsivity）を正確に調べることが重要で，能力特性に合った介入・処遇環境を選択すること，すなわち，文書読解力が低い少年には，その能力特性に対応できるようによく考え工夫された環境や情緒面のサポート等を

提供することが大切です。

　能力適性に適合した処遇環境を選択するという点では，ここで紹介している処遇環境に関する調査手法が役に立つと考えられます。例えば，Moos による The Correctional Institutions Environment Scale（矯正施設の処遇環境検査）と The Community-Oriented Programs Environment Scale（社会内処遇環境調査）(1986a, b) は，対象者の能力特性と処遇の場の環境特性がうまくかみ合うかどうか調べるのに適した検査と言えるでしょう。この点については，次章で少年の特性と環境特性を合致させるために考え出された分類法である「概念水準適合モデル」(The Conceptual Level Matching Model) を説明する際に改めて触れてみたいと思います。

　以上のように，処遇環境の調査を慎重に行う必要性は明らかですが，その検査法にはまだ限界があり，例えば「矯正施設の処遇環境検査」では，ある程度信頼性と妥当性の検証が行われていますが（Moos 1986a,b），検査結果をどのように実際の処遇選択に活用するかという点に関する研究は十分とは言えません。表6−5に掲載した他の2つの検査についても実用化が遅れていて，まだ試行段階にあります。

第7章
総合診断および分類システム

　第4章から第6章にかけて，少年司法の判断形成に資する能力適性，性格，行動傾向，態度・価値観，環境などに関する検査を紹介してきました。第7章では視点を変えて総合診断という形で問題をとらえ，司法の判断形成に直接的に関係する情報を提供する検査手法について整理していきたいと思います。ここで言う総合診断とは，特徴を整理して青少年を分類することと，司法判断に直接関係する分類名，あるいは診断名をつけることに重点を置いている検査システムを指します。

　成人と少年の司法判断のための総合診断の開発は，かなり前から行われていましたが（Binder et al. 1988；Quay 1987），信頼性と妥当性の観点から，残念ながら多くは有効性が低いと考えられてきました。しかし近年になって研究が進み，検査手法が飛躍的に改善されて有効な検査手法として確立されてきています（Andrews and Bonta 1994；Champion 1994；Clements 1993；Van Voorhis 1994；Wiebush, Baird, Krisberg and Onek 1995）。成人用に開発されたものが多いのですが，後に紹介するように少年用も出てきています。

　本章では，総合診断の中で，最近注目されて学術研究等の研究対象になったものを以下のように分けて紹介します。

1．人格を基準にした診断システム
2．行動傾向を基準にした診断システム
3．犯罪行動を基準にした再犯リスク診断システム
4．多方面の要因を検討して再犯リスクとニーズを診断するシステム

表7-1 人格を基準にした診断システム

検査名	出版元
Conceptual Level Matching Model (CLMM)	Reitsma-Stress and Leschied (1988)
Diagnostic and Statistical Manual of Mental Disorders, Fourth Edition (DSM-Ⅳ[37])	American Psychiatric Association (1994)
Interpersonal Maturity Level Classification System (I-Level)	Warren (1983)
Minnesota Multiphasic Personality Inventory (MMPI[38])	National Computer Systems

1 人格を基準にした診断システム

表7-1に診断および分類の基準を人格の特性に置いて作成された4つの診断システムを掲載しました。いずれも多くの少年司法制度で活用されているもので，最近の学術研究でも研究対象になっています。

1-1 Diagnostic and Statistical Manual of Mental Disorders, Fourth Edition (DSM-Ⅳ)

DSM-Ⅳは，専門家のために開発され，米国の精神医学会で公認された精神障害の診断システムです（American Psychiatric Association 1994）。各種の精神障害が類型化されて診断名が付けられ，それぞれについて明確な診断基準が示されています。各疾患や障害について，病因論，罹患率，疾病・障害の生成過程といった診断に必要な関連情報についても説明されていて，しばしば精神医学・心理学の専門家によって少年犯罪者の精神面の査定に用いられ，また多くの司法制度の判断形成で正規の資料として採用されています。さらに，非公式ながらDSM-Ⅳを精神障害の専門用語集として活用している司法制度もあるようです。

訳注37) Diagnostic and Statistical Manual of Mental Disorders, Fourth Edition-Text Revision（DSM-Ⅳ-TR）が2000年に出版されている。
訳注38) 改訂版はMMPI-2, 1989

表7−2　非行・犯罪に関係する青少年の診断カテゴリーの一例（DSM-Ⅳ）

　　注意欠陥障害および破壊的行為障害
　　注意欠陥多動性障害（診断基準で特定できるもの）
　　注意欠陥多動性障害（診断基準に当てはまらないもの）
　　行為障害
　　反抗挑戦性障害
　　破壊的行為障害

出典：DSM-Ⅳ American Psychiatric Association(1994)

　DSM-Ⅳは，比較的新しい精神診断システムと言うことができ，少年と成人それぞれについて診断カテゴリーが分類されています。少年と成人は18歳で分けられ，少年の診断カテゴリーには，犯罪等の事件で係属している者に関連する精神障害が多く含まれているので，そのうち代表的なものを表7−2に載せてみました。「行為障害」の診断基準の中には犯罪行動の有無や頻度が含まれていますし，「注意欠陥多動性障害（ADHD）」も非行少年のアセスメントではよく目にする障害ですが，これら犯罪や非行に関係するもの以外にも認知障害，知覚障害，あるいは学習障害に関する診断基準が設けられていて，いずれも司法の判断形成に影響を与えています。

　精神障害の診断は，以前から専門家である精神科医等が面接をして診断を下すことが多く，診断面接は構造化されたものから構造化されていないものまでさまざまな方法が混在していました。組織的・系統的な診断法への要請が高まり，研究が進められて（第5章参照），多くの専門的な知見がDSM-Ⅳにも取り込まれています。MMPI-AやMillon Adolescent Personality Inventoryなど標準化性格検査のスコアをDSM-Ⅳの診断基準の一つとして使用したり，その他の標準化検査のスコアを診断基準に含める試みが進められています。MMPIなどスコアとして活用されている標準化検査自体の検定や改訂作業も継続して行われてきています（Gutterman et al. 1987 ; Hodges 1993）。

　DSM-Ⅳの弱点についても触れておきます（McReynolds 1989 ; Quay, Rough and Shapiro 1987 ; Sattler 1992）。特に少年の精神障害の診断では，

批判されている点が多いと言えます。DSM-IVでは診断基準に厳密に従うことが求められるあまり、性格や行動傾向といった要素を個別かつ詳細に検討することよりも、すでに設定された基準にあてはめてチェックしていくことを求められます。そのため、例えば行為障害の場合、その障害の有無しか判断できないということになってしまいます。最近の精神病理学研究の成果が精神障害の類型に反映されていない点も批判されています。さらに、DSM-IVは明確な基準に沿って診断を行うとはいうものの、それぞれのチェック項目について専門家が臨床的な経験や専門的な知見を用いて判断しなければならず、検査者間の一致度が低くなってしまう点も指摘されています。最後に、DSM-IVが基本的に医学モデルの影響を強く受けて被験者の内面の問題に焦点を絞っているために、環境面など社会的要因への関心が薄い点も指摘されています。DSMシリーズの最新版であるDSM-IVは以上の問題点に対処しようと努力を払ってきていますが、問題は依然として残されています。

1-2 The Minnesota Multiphasic Personality Inventory (MMPI)

MMPIは犯罪司法領域でよく活用されている性格テストで、MMPI-2に改訂されてからも広く用いられています。Megargeeの考案した10タイプ (Megargee 1984 ; Magargee and Bohn 1979) を基本にして、MMPIの人格特性を応用した成人犯罪者の性格類型が作られています。この分類法は広く用いられていて、犯罪者の再犯リスク査定や矯正教育・処遇手法の選択などにも使われています。ただし、思春期の少年犯罪者に、Megargeeの10類型を活用することについては疑問視する声もあります (Vaneziano and Vaneziano 1986 ; Zager 1988)。

MMPIの改訂版には思春期の青年用に作成されたMMPI-Aがあります。これは、MMPI-2と並行して開発されたものですが、MMPI-2の性格項目をすべて見直した上で、データの標準化も別に行われ、採点方法について

も青年用に新しい方式が採用されています（Butcher, Williams, Graham, Archer, Tellegen, Ben-Porath et al. 1992）。Archer（1992）が考案したスコアリング法を導入したことで，MMPI-Aは青少年の人格や行動の特徴について広く情報を提供できるようになり，犯罪少年のリスク，ニーズ，反応性の査定にも活用できる有用な検査法になっています。ただし，MMPI-Aは少年犯罪者に特化して作られたものではなく，また前述したMegargeeの犯罪者分類カテゴリーとMMPI-Aの関係などについても検討を要するところは多く，使用上注意が必要でしょう。

1−3　The Interpersonal Maturity Level Classification System (I-Level)

　この分類法は，知覚，認知能力および対人関係能力の発達水準に応じて対象者を分類するように作られていて，非行少年の分類法として有用なものと考えられ（Warren 1976），さまざまな少年司法制度で採用されています。特にダイバージョン[39]の可否や処遇方法の選択といった場面でしばしば活用されています。

　このI-Levelは2段階に分けて対象者を分析しています（Warren 1976, 1983）。第1段階では，個々の少年の性格を，社会性と知覚の発達の連続性や関係性に基づいて分析し，第2段階では，第1段階で判明した個人の特徴を，統計的な手法で割り出した9つの下位分類（表7−3）のどれに当てはまるか分析していきます。

　分析のための情報は，半構造化された面接法（The CTPI-Level Interview, Warren 1966）と被験者の自己採点方式による性格検査（The Jesness Inventory, Jesness and Wedge 1985）により集めます。The CTPI-Level Inventoryは90分間で実施できる半構造化された面接法で情報を集め，その結果をスコアに換算して入力するようになっています。この面接

訳注39）訳注4）p.022を参照。

表7-3 I-Level System法による少年犯罪者の性格類型

I-Level	性格類型
I-2	非社交的・消極型
	非社交的・攻撃型
I-3	未熟・追従型
	追従型
	支配型
I-4	神経症的・発散型
	神経症的・不安型
	異文化同一視型
	場面感情発散型

出典：Warren (1976, 1983)

法の問題は，面接実施に必要な詳細なマニュアルが用意されていないところにあります。また，信頼性と妥当性に関する検証も充分に進んでいるとは言えません（Harris, P.W. 1988）。

The Jesness Inventoryはより科学的な検査法と言えるでしょう。中学2年生程度の学力があれば理解できる155の設問があり，その二者択一式の問題に被験者（少年）が答えていくようになっていて，検査費用や検査時間を節約することができます。この検査法は，統計的な処理により明らかにする人格傾向の得点と，9分類（表7-3）に整理された人格のタイプという2種類の検査結果を提示します。信頼性と妥当性については先述した面接法（The CTPI-Level Inventory）よりも検証研究が進んでいて，この検査の有効性を証明する調査結果が多く残っています（Harris, P.W. 1988）。ただし，I-Level System全体については限定的に予測（動的）妥当性を検証した研究が残っているだけであり，その点を認識した上でI-Level Systemの検査情報を取り扱う必要があるでしょう。

1−4 The Conceptual Level Matching Model (CLMM)

The Conceptual Level Matching Model（CLMM）は，少年犯罪者に対

してどのような処遇場所や介入方法が適切であるか判断する際に役に立つ分類法の一つです。主な特徴としては、処遇環境の特性を明確にできることと、対象者の特徴と環境特性を適切にマッチングできるようになっている点にあります。最新版については、Hunt（1991）の初期の概念構成力に関する研究を取り入れています。

　Huntによると概念構成力とは、思考力を働かせて概念をまとめる力を指し、情報処理能力と問題解決力が含まれています。CLMMではこれらの概念構成力を4カテゴリーに分類し、環境特性も4カテゴリーに分類し、それぞれについて適切な組み合わせを割り出して被験者にふさわしい処遇環境を特定します。例えば、第1カテゴリーは抽象能力が低く自己中心的な思考をしやすい傾向を示しています。このカテゴリーに当てはまる被験者の場合、処遇の場としては厳格な規則でコントロールされていて、職員によって指導・介入される頻度が高い環境が適していると考えられています。また、第2カテゴリーは、自立心が強く、好奇心が旺盛で、柔軟かつ複雑な思考を好むタイプを指していますが、このカテゴリーに当てはまる被験者の場合、自由度が高く自主的に考えて行動するような処遇環境が適していると言えるでしょう。

　概念構成力と環境の特性を査定することは、それぞれについて標準化された検査が少ないことが障壁になっているため、それほど簡単なことではありません。概念構成力の査定としては、文章完成法が適していると言われています（Hunt, Butler, Noy, and Rosser 1971）。これは投影法検査の一種で、刺激語に続いて文章の基幹部分を書き込んで完成させるというものです。この検査方法は解釈が難しく、マニュアル類もあまり整備されていません。文章完成法の結果をスコア化（数値化）した試みもあるのですが、明らかに問題があって厳しい批判が寄せられています（Reitsma-Street and Leschied 1988）。

　また、処遇環境に関する検査も標準化されたものは少なく、MoosによるCorrectional Institutions Environment Scale（1986a）や、Wrightによる

Prison Environment Inventory（1985）がありますが，特定の地域や場面で使用することは可能ですが，標準化検査と呼ぶことは難しいでしょう。

そういった限界はあるもののCLMMは少年犯罪者の調査・鑑別を行う際に専門家によって用いられることが多く，Reitsma-StreetとLeschiefの検証（1988）で一定の信頼性と妥当性が確認されています。一方，検査の予測妥当性や処遇効果の検証における正確さ（動的（可変的）妥当性）という点の検証は十分に行われていません。

2　行動傾向を基準にした診断システム

対象者を，その行動に見られる傾向を基準に分類する診断システムについて説明します。少年司法に最も影響を与えたものとしては，Quayによる分類法（1964, 1966）があり，これは児童や思春期の青少年の異常行動の病理に関する初期の研究結果に基づいて作成されています。改訂版では行動の4側面に焦点を当てて，不適切－未熟タイプ（inadequate-immature），社会的未成熟－非行下位文化タイプ（unsocialized-subcultural），社会的成熟－非行下位文化タイプ（socialized-subcultural），精神障害－神経症タイプ（disturbed-neurotic）というカテゴリーに非行少年を分類し，それぞれにふさわしい処遇場所と処遇介入方法の選択に用います。

行動パターンの解明には，成育史調査に焦点を当てた「The Checklist for the Analysis of Life History Data」や，問題行動傾向を探る「The Behavior Problem Checklist（Quay 1964, 1966）」といった検査を用います。「The Behavior Problem Checklist」はすでに紹介したように，対象少年の親，教師，あるいは処遇や鑑別を担当する臨床家によって採点できるように作られています。この検査の信頼性や妥当性に関する研究は数多く残されていて，一定水準以上の信頼性と妥当性が確認されています（Quay 1987）。ただし，改定版にあたる「The Revised Behavior Problem Checklist」を使って逸脱行動を類型化する試みは，まだ研究段階にとどまっています。

3 犯罪行動を基準にしたリスク診断システム

　将来の問題行動発生の可能性を予測する診断システムについて説明します。これは，主として再犯の可能性，粗暴犯罪を起こす可能性，あるいは施設処遇で問題行動を起こす可能性について予測するものですが，非行・犯罪以外の社会適応上の問題や自傷行為の危険性の査定に使われるものもあります。リスクアセスメントとして成人犯罪では広く活用されるようになっていて，公判手続における処罰や処遇法の選択，あるいは社会内処遇への移行の決定の際に影響力を持つようになっています。少年司法手続においても，再非行の可能性を測定できるものさしとして活用されていて，例えば，成人の刑事手続への事件移送の判断，少年審判における処分や介入方法の決定，あるいは収容施設の保安レベルの決定といった場面で，直接的あるいは間接的な情報を提供する検査として用いられています（第2章参照）。

　統計学的な保険危険率に基づき，犯罪者の特徴と犯罪発生の関連性を示すデータ分析を行い，再犯リスクの度合いを「低リスク・中リスク・高リスク」と段階別に示したり，再犯可能性を数値化して（例：このレベルの少年の1年以内の再犯可能性は65％）示したりします。非行・犯罪理論や臨床的な経験だけで作られたものもありますが，多くは統計的な検証が行われていないため，標準化検査という水準に至っていません。

　リスクアセスメントは，どのリスク要因に焦点を当てるかという点でタイプが異なるので，この章では主として非行や犯罪行動を基礎に査定を行うリスクアセスメントについて検討していきます。ただし，幅広い分野のリスク因子・予測因子を分析していくリスクアセスメントも開発されていますので，そちらについては次章で紹介します。

　非行・犯罪行動に基づいた犯罪者分類システムは，主として過去および現在係属している犯罪行動の回数や程度をベースに将来の犯罪発生の予測

を行うもので，中には分析する予測因子に犯罪初発年齢などを含むものもあります。例として，米国仮釈放委員会が作成した「Salient Factor Score Index」をあげることができるでしょう。これは成人犯罪者の再犯予測に広く活用され年長少年にも適用が可能と言われていて，犯罪行動，過去の施設収容歴，最近犯罪を起こした年齢，薬物たん溺の度合いといった6項目についてスコアリングを行い，検査結果は仮釈放後の予後について「非常に良好」「良好」「どちらとも言えない」「悪い」と示すようになっています。

　類似した少年犯罪者用の分類システムでは，「The North Dakota Risk Assessment Instrument」があります。この診断システムは，1）現在（今回）の犯罪の程度，2）過去の判決（審判決定）の程度，3）過去に裁判所で受けた処分回数，4）初めて裁判所で処分を受けた年齢，5）過去の施設逃走歴，という5つの分野について検討します。図7-1に例として掲載したリスク検査（「The Colorado Security Placement Instrument」）は，収容された施設において自分や周囲の者に危害を加える可能性を査定するものです。その他，Champion（1994）やWiebush（1995）も，犯罪行動を基に再犯リスクを査定する検査を作っています。

　このように，非行・犯罪行動に基づいた犯罪者分類システムは，現在審理されている犯罪および過去の犯罪の頻度や程度等について，統一された手法で系統的に情報を集めるように作られていて，再犯予測では一定の有効性を示す検証結果が出ています（Floud and Young 1981；Champion 1994）。ただし，問題がないわけではなく，統計上再犯予測に一定の効果が確認されたと言っても実際の精度はそれほど高くはなく，再犯リスクが低いと査定された者が再犯するケースや，逆に再犯リスクが高いと査定されながら再犯しないケースが相当あります。また，予測に用いる変数が犯罪行動に関連した狭い範囲に限られているため，実際には複雑な要因を背景に発生する非行や犯罪（第1章参照）行動の予測には限界があり，その点においても高い精度は期待できません。さらに，犯罪行動という固定的な

リスク要因	スコア
1．現在審理されている事件の程度	( )
殺人，強姦，誘拐，刑務所他からの逃走	10
その他の凶悪犯罪	5
その他の犯罪	0
2．過去の犯罪	( )
凶悪事件	5
財産事件	3
その他／犯罪なし	0
3．過去に裁判所で受けた処分数	( )
2回以上	5
2回未満	0
1から3までのスコアの総合が10以上の場合，身柄を拘束できる施設に収容する。10未満の場合，以下の項目について調査する。	1から3の合計 ( )
4．初めて事件が裁判所等の公的機関に係属した年齢	( )
12歳か13歳	2
14歳以上	0
5．精神科受診歴	( )
あり	1
なし	0
6．本件時の生活状況	( )
一人暮らし／友人と生活	1
家族と生活	0
7．施設収容歴	( )
あり	1
なし	0

図7－1　The Colorado Security Placement Instrument

変数（すなわち処分歴，犯罪歴，あるいは過去の犯罪行動など，すでに発生していて今後変化しないもの）を基に分析しているために，介入方法や処遇方法を探る際には参考にならないという点も問題として指摘されています。

表7-4　多方面の背景要因を検討したリスク・ニーズアセスメント

検査名	出版元
Arizona Juvenile Risk Assessment Form	Ashford et al.（1986）
Firesetting Risk Interview	Kolko and Kazdin（1989）
Psychopathy Checklist - Revised	Multihealth Systems
Wisconsin Juvenile Probation and Aftercare Assessment Form	Baird（1981, 1985）
Youth Level of Service/Case Management Inventory	Hoge and Andrews（1994）

4　多方面の要因を検討して再犯リスクとニーズを診断するシステム

　複雑かつ多岐にわたる非行・犯罪の要因を広く取り上げて，再犯リスクとニーズ[40]を診断していくシステムを紹介しましょう。大きく分けると，再犯リスクレベルだけ提示するものと，ニーズについて分析して情報を提供するものがあります。ニーズは可変的なリスク要因と定義することもでき，犯罪の発生に影響する背景要因の中でも，今後の働きかけ方によっては再犯の可能性が変化していくものがあり，将来の犯罪発生を抑えることができるものを指しています（Andrews and Bonta 1994 ; Andrews et al. 1990）。以下，近年注目されていて，研究対象としてもよく取り上げられている検査をいくつか紹介してみます。

4-1　The Wisconsin Juvenile Probation and Aftercare Assessment Form

　この検査は，米国各州で開発されている少年用のリスク・ニーズアセスメントの中で代表的なものとして評価されています（Champion 1994 ; Wiebush et al. 1995）。Baird（1981, 1985）によって既存のいくつかの検査をベースに作られたもので，図7-2に掲載したように固定的要因（過去

訳注40）訳注8）p.027を参照。

リスク要因	スコア
1. 裁判所に処罰を言い渡された最初の年齢	(　　)
16歳以上	0
14歳，15歳	3
13歳以下	5
2. 過去の犯罪歴	(　　)
逮捕・処罰なし	0
逮捕あり・処罰なし	2
処罰あり，粗暴事件なし	3
処罰あり，1件以上の粗暴事件あり	5
3. 30日を超える施設収容歴	(　　)
なし	0
1回	2
2回以上	4
4. 薬物類濫用	(　　)
公式使用歴なし（日常行動・生活に支障をきたす使用なし）	0
濫用あり（軽度）	2
常態的に濫用・重度の依存状態	5
5. アルコール依存	(　　)
公式依存歴なし（日常行動・生活に支障をきたすアルコールの摂取なし）	0
時々摂取するが日常行動・生活に支障なし	1
常態的に摂取・重度の依存状態	3
6. 保護者の監督能力	(　　)
全般的に監督能力あり	0
指導・監督が一定せず，効果的ではない	2
指導・監督が行われていない	4
7. 学校における指導上の問題	(　　)
継続的に登校・卒業・卒業認定試験合格相当	0
学校内での問題行動あり	1
繁華街を頻繁に徘徊・行動上の問題あり	3
不登校・退学処分	5
8. 仲間関係	(　　)
良好な影響を受ける関係あり	0
反社会的な影響を受け，非行行動を一緒に行う関係あり	2
反社会的集団（ギャング）構成員との関係あり	4

図7-2　Wisconsin Juvenile Probation and Aftercare Assessment of Risk Scale
(出典：Baird, 1981, 1985)

の行動等）と可変的要因（友人関係等）に属する8要因についてスコアリングを行い，その結果を分析するようになっています。

　この検査は米国等の少年司法機関において対象少年の処遇法の選定や収容先の決定などに使われています。残念ながら，信頼性と妥当性に関する検証はあまり行われておらず，AshfordとLeCroy（1988）による再犯予測精度に関する調査でも，この検査の総合得点と再犯との相関は認められず，わずかに犯罪初発年齢と再犯との相関が確認されただけでした。

4-2　The Arizona Juvenile Risk Assessment Form

　Ashford, LeCroyおよびBond-Maupin（1986）によって開発されたこの検査は，社会内処遇のさまざまな局面で活用できるように作られています。4-1で紹介したThe Wisconsin Juvenile Probation and Aftercare Assessment Formと似たところがありますが，背景要因の調査項目は多く，年齢，過去の処分歴，過去の仮釈放遵守事項違反歴，施設からの逃走歴，犯罪種別，学校適応状況，仲間付き合い，アルコール濫用，薬物濫用，家族関係等について幅広く調査します。1990年に予測妥当性について検証調査が行われていて（Ashford and LeCroy），総合得点および個別項目の得点とも再犯との相関が確認され，中でも過去の仮釈放遵守事項違反歴，逮捕・拘禁の種別，および家族関係と再犯の相関関係が強いという結果が出ています。

4-3　The Firesetting Risk Interview

　このリスクアセスメントは非常に特殊なもので，放火の可能性に焦点を当てて，保護者に対して質問紙調査を実施して危険性を予測できるように作られています。KolkoとKazdinによる放火行動に関する研究がベースになり，1989年にリスクアセスメントとして開発されたものです。放火を起こしやすいタイプを15種類の行動特徴から判定しようとするもので，例え

ば火に対する関心,幼少期に火遊びをした経験,両親の監督の度合いなどが調査項目として含まれています。KolkoとKazdinによる検証研究では一定の信頼性と妥当性が確認されていますが,今後同氏らによりさらに踏み込んだ計量-心理学的な検証が行われる予定です。

4－4 The Psychopathy Checklist-Rivised (PCL-R)

　PCL-Rは面接と過去の関係資料から得られる情報をもとに,精神病質の特性や行動傾向を調べるためにHareにより1991年に作られました。もともとは成人用として開発されたものでしたが,若年成人でもその有効性が確認されています（調査例：Fort, Hart and Hare 1990 ; Stanford, Ebner, Patton and Williams 1994）。その後青少年版が発表されましたが,これに関する検証の調査・研究情報は限られたものしかありません。

　PCL-Rは検査方法として半構造化面接法を採用していて,人格面と行動面に関係する広範な調査項目が設定された質問紙が用意されています。調査項目には,罪障感の欠如,人の弱みにつけ込む行動傾向,現実生活における目標の欠如,短期的な人間関係,といったものが含まれていますが,青少年版ではいくつかの項目に変更が加えられています（Forth et al. 1990）。調査結果は総合得点の他に,「精神病質的な性格特性」と「不安定で異常な生活様式」に関するスコアが示されます。

　成人版の信頼性と妥当性については,有効性を示す検証研究が数多く残されていて（Hare 1991),再犯予測における有効性も確認され,特に粗暴な犯罪者のリスク・ニーズアセスメントとして重要な役割をはたしています。青少年版の検証研究はそれほど多くはありませんが,その有効性を認める検証研究がいくつか出てきています（Forth et al. 1990 ; Frick et al. 1994 ; Trevethan and Walker 1989）。

表7－5　Youth Level of Service/Case Management Inventoryの構成

第1部	リスク・ニーズ要因のアセスメント
第2部	リスク・ニーズアセスメントのまとめ
第3部	詳細なニーズおよび特殊事項に関する調査
第4部	ケース管理者によるリスク・ニーズレベルの査定
第5部	収容先に関する提言
第6部	処遇計画

出典：Hoge and Andrews（1994）

4－5　The Youth Level of Service/Case Management Inventory（YLS/CMI）

　The Youth Level of Service/Case Management Inventory（YLS/CMI）は成人犯罪者用に開発され，個々の犯罪者の処遇レベルの査定に活用されているLevel of Service Inventory（LSI, Andrews and Bonta 1994[41]）の青少年版です。LSIは対象者との面接，各種関係機関による記録，各種検査結果といった情報を取り込んで分析するように作られていて，精神医学や心理学領域の専門家，あるいは特別に研修を受けた教育担当者や処遇担当者が実施できるようになっています。多くの国や地域の司法機関や処遇機関で採用され，検査結果は保護観察処遇の必要性や仮釈放の可否の判断など犯罪者の処遇に関係する判断形成に用いられます。このLSIの青少年版として，Youth Level of Service Inventoryが作成され，さらにその改良版としてケース管理機能を備えたYLS/CMIが開発されました（Hoge and Andrews 1994[42]）。

　表7－5に掲載したように，YLS/CMIは6部構成になっています。第1部では，過去の研究の中で非行や犯罪との関連性が高いと言われている8

訳注41）改訂版はLevel of Service Inventory, Revised（LSI-R），Level of Service/Case Management Inventory（LS/CMI）で，いずれもMHS（Multi Health System INC.）から発売されている。
訳注42）改訂版はYouth Level of Service/Case Management Inventory 2.0（YLS/CMI 2.0）

分野42項目にわたる非行要因について質問紙調査が行われます。具体的には，（1）過去と現在の犯罪および処分歴（質問例：施設収容歴），（2）家庭環境および保護者の養育態度（質問例：監督・指導が安定性に欠けているかどうか），（3）学校・就業状況（質問例：怠学の有無），（4）仲間関係（質問例：不良仲間の有無），（5）薬物濫用（質問例：常態的な飲酒習慣の有無），（6）余暇活動（質問例：好奇心の希薄さ），（7）性格・行動傾向（質問例：注意集中が長続きしない），（8）態度や価値観（質問例：自己中心的で他者への関心が希薄）となっています。検査実施者は，対象少年について各質問が当てはまるか判断してチェックをしていきます。問題点ばかりではなく，少年の肯定的な側面について明らかにする調査項目も用意されています。

　第2部では，第1部の検査結果を集計してリスクの総得点を示すとともに，8分野の得点の分布をプロフィール表にまとめて，被験者の特性を分かりやすく表示します。図7-3はプロフィールの一例で，ここで示されている少年の得点は，12歳から16歳までの少年（男子）非行・犯罪少年を対象に行った調査データを基に，被験者の得点をパーセンタイル値で表しています。ちなみに，図7-3のケースは，再犯リスクが高い少年と言えるでしょう。

　第3部では，非行の直接的な要因とは言えないまでも，処遇方法や教育方針を検討する際に考慮すべき特性を査定し，第4部では，少年の精神的な問題について精神医療の専門家等が査定できるように作られています。第5部では望ましい介入のレベル（程度や頻度）を示し，第6部は処遇指針や処遇方法・手段などを明らかに示して，ケース管理ができるように作られています。

　YLS/CMIの長所について紹介してみましょう。まず第一に，少年の犯罪や非行と関係が深いと言われている要因について広範にわたって検討を加えているという点があげられるでしょう。特に第1部で扱っているリスク・ニーズの調査項目は，青少年の犯罪行動の原因についてこれまで発表

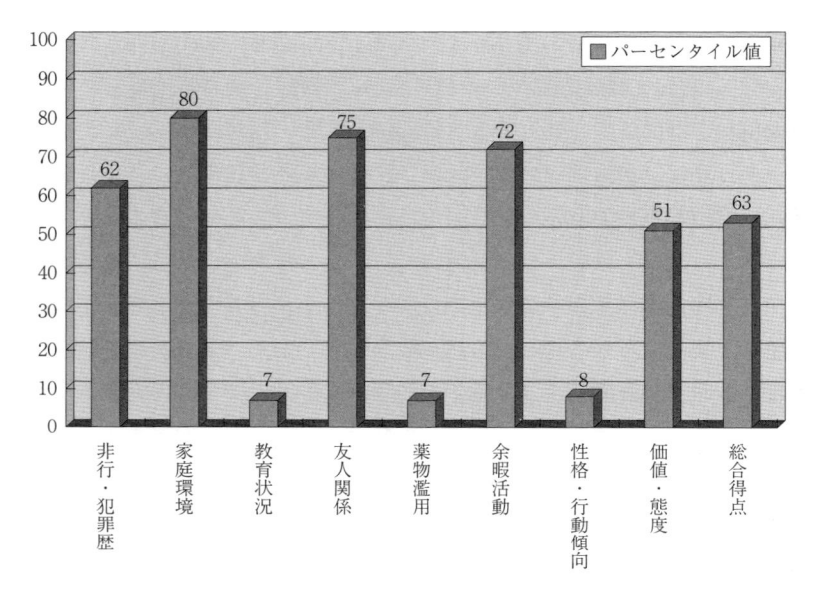

図7-3 YLS/CMI第2部 Risk/Needプロフィール例

(棒グラフ: 非行・犯罪歴 62、家庭環境 80、教育状況 7、友人関係 75、薬物濫用 7、余暇活動 72、性格・行動傾向 8、価値・態度 51、総合得点 63)

された理論や研究に基づいて導き出されたものです。第二に，対象少年のニーズを明示する点，すなわち社会復帰や更生のために介入が望ましいと考えられる点を明らかにすることができる点があげられます。第三に，この検査は少年が持つ問題を悪化させる要因，あるいは逆に問題を軽減させる要因に関する情報を効率的に収集できる点があげられるでしょう。第四に，保護観察官等非行臨床の現場で働く職員が，少し研修を受けるだけで使いこなすことができるように作られている点も重要です。最後に，この検査により得られる内面や環境面の問題の詳細な情報は，ケースを管理する立場の人間にとって有用であるという点も指摘されています。

　YLS/CMIの検査結果の有効性に関する統計的な検証はそれ程進んでいませんが，開発のベースになっている成人用のリスクアセスメント（The Level of Service Inventory, LSI）の検証研究（Andrews and Bonta 1995他）やYLS/CMI以前に青少年用として作成されたリスクアセスメント

(the Youth Level of Service Inventory) の検証結果はかなり残されています (Andrews, Robinson, and Hoge 1984 ; Simourd, Hoge, Andrews and Leschied 1994)。

5　その他の診断用検査

　司法心理領域で活用できる犯罪の程度に関する診断検査（成人用）にはさまざまなものがありますが，少年司法手続で正式に採用されているものはそれほど多くはありません。いくつかよく使われているものの例をあげますと，まずThe Sentencing Factors Inventory (Andrews, Robblee, Saunders, Huartson, Robinson, Kiessling et al. 1987) があります。これは，司法判断（量刑や処分の程度）にも活用されていて，検査者間で一致度が高くなるように信頼性が高められた標準化検査です。処分の軽重にかかわる項目を，犯罪種別，犯罪発生状況，被害者のダメージ，犯罪後の加害者の行動といったように分類して，それぞれについて査定できるように作られています。製作者により，成人用の検査として信頼性と妥当性に関する検証が行われてきています。少年司法手続での活用の可能性も検討されていますが，現時点では実現されていません。

　成人の被疑者や被告人が公判前後の捜査，取調べ，あるいは審理に耐えられるかという点に特化して作られた検査 (The Competency to Stand Trial Assessment Instrument (Weisstub 1984), The Fitness Interview Test (Roesh, Webster and Eaves 1984)) があります。残念ながら，これらの検査の精度には限界があるという検証結果 (Grisso 1986) が出ています。また，少年の被疑者・被告人に使用した実績や検証研究はありません。ただし，対象者の知的・精神的発達レベルについて査定を行うThe Competence Assessment for Standing Trial for Defendants with Mental Retardation (Everington and Dunn 1995) については，少年が公判等の司法手続に耐えられるかどうか判断する際に用いられることがあります。

6 少年司法制度における診断および分類システムの役割

　診断・分類システムとは，これまで説明したように先に紹介した各種領域別の個々の心理検査と異なり，司法判断により直接的に関係したものや，司法判断に活用するために特別に作成されたものです。ここではまとめとして，性格と行動傾向に関する診断・分類システムをはじめとして，各種分類システムの問題点について検討してみます。

6−1 人格および行動傾向を基に作成された診断・分類システム

　人格および行動傾向をもとに作成された診断・分類システムの診断項目には，例えば社会的に容認された攻撃的タイプ，人格障害タイプ，あるいは受身・追従的タイプといったものを設定して，それぞれの傾向を示すスコアが表されるように作られています。その他少年司法では，認知・思考能力や情緒面の成熟度などを各種検査を用いて明らかにして，それらをベースに処分の軽重，あるいは精神状況や発達レベルの査定を行います。この分野の診断・分類システムの中では，精神的な発達状態等に関してDSM-Ⅳが多くの示唆を与えてくれます。

　また，非行・犯罪少年のニーズ[43]，反応性[44]，あるいは指導を受け入れようとする態度という側面でも価値のある情報を提供していて，分類されたニーズ等に結びついた処遇・介入方法を提示できるようになっています。その他，CLMMは処遇担当者に対象者の認知能力に関して詳しい情報を示し（Reitsma-Street and Leschied 1988），MMPI-Aは逸脱傾向や反社会傾向を帯びた青少年の処遇方法を検討する際に核になる指針を示してくれま

訳注43）訳注8（p.027）を参照。
訳注44）訳注9（p.027）を参照。

す（Archer 1989）。

　再犯リスクの査定においても性格・行動に関する診断・分類システムは活用されています。もちろんリスクやニーズに特化したシステムのほうが再犯リスクの査定では有用なのですが，一般的な反社会的行動に関する危険性であれば，性格および行動傾向をベースにした診断・分類システムでも測定は可能です。診断・分類の結果と犯罪行動の関連性を検証してみると，例えばMMPI-Aの性格・行動プロフィールの中には，薬物乱用リスクと関連しているものがあると言われていますし，The I-Level Classification System（I-Level分類システム）は非行・犯罪など反社会的な行動に及ぶ危険性の予測に役立つと言われています（Jesness and Wedge 1984）。

　最近では少年司法でも検査類が広く使われるようになってきていますが，検査の信頼性と妥当性については注意を払う必要があります。DSM-ⅣとCLMMについては信頼性についてある程度限界があり，また，多くの人格・行動に基づいた診断システムでは，構成的妥当性に関して問題を抱えている場合があります。さらに，問題に適した処遇方法を提示するという点で，診断され類型化された個々のタイプ別に効果がある具体的な介入法を明らかにできる診断システムはそれほど多くありません。最後に，法律学と心理学における概念や物の考え方に違いがあって，例えばCLMMを使用して学習面や情緒面で発達遅滞という検査結果が出た場合でも，それは必ずしも法手続における責任能力の低さと一致しないといった点についても留意しなければいけません。

6-2　犯罪歴を基に犯罪等の危険性を予測する診断システム

　将来反社会的な行動や，自己破壊的な行動に及ぶ危険性を予測できるように考案された診断・分類システムを取り上げてみます。これは，犯罪危険性の査定とともに，量刑の判断，ダイバージョンの可否，あるいは処遇場所の選定等においても活用されています。司法モデルの中で再犯の危険

性を重要視している犯罪コントロールモデルでは，これら犯罪リスクを査定する検査がよく用いられていますが，その他の司法モデルでも，反社会傾向や自己破壊傾向の判断等において一定の役割を果たしています。

　こちらについても実際に司法判断に用いる際にはいくつか注意点があります。まず，犯罪予測に関する妥当性ですが，成人と比べると少年版の非行予測検査の妥当性を検証した研究数は限られています。成人版検査の場合，検証研究は相当数行われているのですが，少年版の検査では検査結果と犯罪予測の関連性は限定的にしか認められていません（Andrews and Bonta 1994）。また，犯罪性の診断に使われるリスクアセスメントの多くは，過去の犯罪・非行歴のように固定的なリスク要因（すでに発生して変化しない要因）に基づいて予測しているために，再犯防止に向けて働きかける必要がある分野を割り出すことが困難です。行動変容のために介入すべき問題領域（Criminogenic Need）や発達上の問題点や動機付け（あるいは反応性）に関する情報は非常に限られているために，個々の少年に必要な処遇方法を導き出すことが難しいのです。

6-3　広汎な領域に基づくリスク診断システムとリスク・ニーズ診断システム

　少年のリスクやニーズについて，背景の問題を含めて広範な領域について診断・分類を行うシステムがあります。これは，青少年の性格や行動特徴，あるいは直面している問題等，司法判断に必要なさまざまな情報を提供してくれる検査で，司法手続で効果的と評価され，信頼性や妥当性の検証に関する研究も蓄積されつつあります。1990年にAshfordとLeCroyはアリゾナ少年リスク検査（The Arizona Juvenile Risk Assessment Form）について検証していますが，単に過去の非行・犯罪歴のみに基づいたリスクアセスメントと比較して，この検査は高い予測妥当性を示しています。YLS/CMIの成人版やPCL-Rは，それぞれ検証研究が進んで犯罪行動の予測について妥当性が確認され，少年版の開発に弾みがついています。基本

的な生活態度，価値観，あるいは信条といった側面が検査項目に含まれていて，それらと非行や犯罪行動との結びつきを測定できるようになっている点が最大の特徴で，非行・犯罪行動の予測精度を高めています。

アリゾナ少年リスク検査（Ashford et al. 1986），YLS/CMI（Hoge et al. 1994）あるいはPCL-R（Hare 1991）は少年の性格や行動，態度，あるいは環境などについて質の高い情報を提供して司法手続における処分の軽重や精神・心理的な状況について判断する際に大変役に立っています。問題の改善のための介入方法の選択や処遇場所の決定においても，これらのリスク・ニーズアセスメントは重要な役割を果たすようになっています。「犯罪行為の人格／社会心理総合論（General Personality and Social Psychological Modes, Andrews and Bonta 1994；Andrews et al. 1990)」について紹介をしましたが，このモデルに準拠した司法・処遇制度では，これらのアセスメントを重要視しています。非行・犯罪少年の処遇は，非行の背景要因になっている少年のニーズ（問題点，Criminogenic needs）に働きかけることができるかどうか，あるいは少年の反応性に合ったプログラムを提供できるかどうかに成否がかかっていると考えられているので，これらの側面について情報を提供できる診断システムが重用されるというわけです。

これらのリスク・ニーズアセスメントの注意点ですが，少年版検査の信頼性・妥当性の検証がそれほど進んでいない点があげられるでしょう。成人版については多くの予測妥当性に関する研究が行われていますが，それに比べると少年版の研究は進んでいません。また，これらの検査が教育や処遇の現場における面接や行動観察の結果，各種心理検査の結果，あるいは関係機関からの情報等に基づいていることから，正確に情報を得ることが大切な点に注意する必要があります。また，教育現場で直接少年を扱う職員でも使用できるように作られたものが多い点は評価できますが，今後もこれらのアセスメントが効果的に活用されるためには，検査者等に有効な研修を提供したり，マニュアルなどのサポート体制を整えたりする必要があるでしょう。

第8章 まとめ

　ここまで非行・犯罪少年の司法手続や処遇のプロセスにおいて，標準化心理検査が重要な役割を果たしていることを説明してきました。妥当性の検証を重ねて少年の行動予測の精度を高めることで，判断基準として採用されるようになり，そのような働きかけを通じて，少年司法の判断の質を高めることができると考えます。そこで，最後に心理検査が司法手続の判断形成にどれほど貢献するのかという点について触れてみたいと思います。

1　心理検査の肯定的側面

　第3章で，標準化心理検査が司法手続の判断形成に寄与するという点をもう少し具体的に述べてみます。

1－1　道具としての効用

　すべての心理検査をこの本で網羅することは不可能ですが，できるだけ多くの検査を紹介してきました。どれも非行・犯罪少年に活用できるものですが，紹介した中には標準化が進んだ検査，面接法，あるいは評価尺度類があり，また司法心理以外の領域で開発されたものから，非行・犯罪少年の司法手続に用いるために特別に開発されたものまで，少年司法の多様な要請に応える標準化検査がそろってきていると言えるでしょう。
　ただし，信頼性と妥当性という点ではいろいろと問題が残されています。紹介した検査の中には，計量心理学的な視点から見るとまだまだ改善の余地があるものも含まれますが，標準化されず使用法や解釈方法において統一性や整合性に欠けていた過去の検査類と比較してみると，行動予測

の検査結果の精度面等では進化したものになっています。もちろん，今後も統計手法を活用してさらに精度を高める努力を続ける必要はありますが（Andrews and Bonta 1994 ; Clements 1996），再犯リスク検査のように，面接者の経験を基に判断していた時代と比べると精度はかなり高くなっています。

標準化検査の場合，検証研究を繰り返すことで問題点を明らかにすることが可能になっていて，その点が標準化されていない検査とは大きく異なっています。特に最近では，司法心理領域の検査法の研究が活発に行われるようになっていて，多くの検査が改良されたり，新しい検査手法が開発されたりしています。

1−2　一貫性

標準化検査を用いる利点として，資質や問題傾向等の鑑別・調査結果と司法判断に一貫性を持たせることができる点があげられるでしょう。多くの司法制度の下で，資質鑑別等において非定形的なアセスメントが行われてきたことはすでにお話ししたとおりです。その結果，少年司法手続で公平さや普遍性を保つことが困難になり，不合理な判断が下されることもありました（Gottfredson and Gottfredson 1988）。

標準化検査を用いることで，少年司法の資質鑑別や判断形成に一貫性を持たせることが可能になります。例えば，学習障害の診断をWISC-Ⅲ（Wechsler 1991）に基づいて下すことで，学習障害のタイプや障害の状況について一貫性のある説明をすることが可能になります。また，再犯リスク査定において，調査者に何の判断基準も与えられていない場合と，YLS/CMI（Hoge and Andrews 1994）のように標準化リスクアセスメントに基づいて判定する場合では，後者で公平性や一貫性を担保することが可能になります。近年少年司法では，各種判断に整合性を持たせて体系化させることが重視されていて，標準化リスクアセスメントの開発や発展の研究は，このような司法の流れの中で重要なものと言えます。司法の一貫性

に寄与するその他の検査としては，処罰の軽重に関わる判断や，司法手続に耐えられるかどうか，主として知的能力面を判断する検査などが考えられます。

1－3　明解な概念構成

　概念構成が明確に定義されている点も，標準化検査の利点と言えるでしょう。理論的に概念構成の定義が難しく，研究者間で見解が分かれるものもありますが，心理検査では使用者のために概念構成を操作的に定義して明示しています。

　知能検査を例にあげると，知能を構成している要素の概念には諸説ありますが，標準化された知能検査では，操作的に定義を統一させて知能を解明しています。また，知能検査では，検査結果の各種スコアをさまざまな能力に関連づける研究も進んでいます。行動観察用の検査でも同様に概念構成を明らかにしています。例えば，RBSP（Quay and Peterson 1987）検査では「不安－引きこもり」や「社会化された攻撃性」といった項目が設定され，これらのスコアが被験者の行動の各側面の特徴を表していると定義しています。他の検査でも同じように，各検査項目が被験者の行動特徴を示すものとして定義しています。行動特徴の概念構成に関係する研究はかなり蓄積され，さまざまな状況下で人間が見せる行動と検査項目のスコアを関連づけて，行動特性に関する情報を提供できるようになっています。

　検査の実施手順が明確で，説明書など実施方法に関する資料が十分に備わっていれば，それに基づいて下した判断の正当性を説明するのに大変役に立ちます。例えば，ある少年について「行動の統制が取れない」と判断する際に，1時間の面接による臨床的な判断と，DSM-Ⅳの構造化された面接および解釈により診断を下した場合を比較すれば，どちらの方法が判断結果の正当性を明確に説明できるかわかるでしょう。あるいは，施設に収容する必要性について判定する場合，担当者の経験値のみで判断する場合と，標準化されたリスクアセスメントの示す数値に沿って判断を下す場合

についても同じことが言えるでしょう。

1－4　心理学研究の飛躍的な発展と司法心理への影響

　Grisso（1987）が予測したように，司法領域で標準化心理検査が活用されるようになると，他の心理学分野で発達した知見を司法心理に転用する試みが促進されるようになります。教育心理学，社会心理学，人格心理学，発達心理学，あるいは産業心理学で開発された検査には，少年司法に応用できるものがかなりあり，これら他の領域で培われた知見を転用して利用しやすい手段として活用することが可能になっています。

　例えば，少年期や思春期の精神病理では，精神疾患の原因や病状悪化のプロセス，あるいは治療方法や処遇方法に関する研究が進んできています（例：Kazdin 1989；Loeber and Stouthamer-Loeber 1996）。その中から生まれた行動検査である The Revised Behavior Problem Checklist（改訂版問題行動チェックリスト）や The Child Behavior Checklist（子どもの行動チェックリスト）は，犯罪・非行少年に関係する判断形成に大いに貢献してきています。

　また，家族力動論においても，家族の問題や保護者の養育方法を非行に結びつけるなど，非行の原因論に応用する研究が進められています。(Henggeler 1989；Patterson, De-Baryshe and Ramsey 1989)。例えば，The Family Events Checklist（Patterson et al. 1992）や The Weinberger Parenting Inventory（Feldman and Weinberger 1994）などは，家族力動に関する研究結果を反映させた検査手法で，司法心理に貢献しています。

1－5　評価方法

　心理検査の発展とともに，検査の精度等に関する検査自体の評価法も洗練されてきていて，それが検査の質の向上に結びついています。一般的に信頼性と妥当性は心理検査の評価に有効な概念であると認められていますが，さらにこれらの概念を明確にしていくとともに，信頼性と妥当性を正

確に計測する手法を考えていくことが大切でしょう。

　これまで紹介してきた検査には，信頼性と妥当性の検証を進めて適正なレベルまで高める必要があるものが多くあります。信頼性と妥当性は検査の質を評価するのに不可欠な要素で，その検証のためには検査が標準化されているほうが有利です。少年司法の現場でよく用いられている非定型なアセスメント類はその水準を満たしていないものが多く，より定型的かつ体系的で質の高い検査が求められています。

1－6　司法制度の有効性

　心理検査が非行少年に関する司法判断の質を高めることができるかどうか述べてきましたが，ここで司法判断への影響だけではなく，司法制度全体にどのように影響を及ぼしたか考えてみたいと思います。不適切な司法判断は，個々の少年の人生に影響を及ぼすだけではなく，関係機関の過度な業務負担となり，ひいては社会全体の負担増につながっていきます。少年の身柄を拘束すること，刑事（成人）司法へ事件を移送すること，あるいは処遇プログラムを実施することには予算と人手がかかり，これに関して不適切な判断が下されると，余分に費用がかさむことになります。司法制度の有効性に関する研究（Weibush et al. 1995）によると，施設に収容する，あるいは処遇プログラムを実施する判断と同様に，収容しない，あるいは処遇プログラムを実施しない選択をする場合でも，それらが正しい情報に基づいて判断されていないと，結局費用がかさむことになります。非常に現実的な話になりますが，対象者の問題点を正確に把握し，司法制度や矯正制度でどのような処遇を授けることが問題解決に有効かという点を明らかにできれば，経費を有効に分配して活用することができます。それに資する情報を，定型化されて標準化された心理検査は提供することが可能なのです。

2 実務家への提言

司法制度で心理検査を用いる場合の留意点について考えてみましょう。ここで述べることは、第3章他でたびたび説明してきた検査の限界と問題点に関連しています。

2−1 専門性の役割

少年司法制度において心理学的な鑑別を行う際に、専門性が重要な要素になります。心理検査を実施し、スコアリングを行い、検査結果を解釈するには、専門的な知識や経験が必要になります。実施する検査によって要求される専門性のレベルは異なり、一般的な行動傾向のチェックリストや態度検査の場合、検査の実施や解釈は難しくないためそれほど高い専門性は必要とされていません。リスク・ニーズアセスメントであるYLS/CMI（Hoge and Andrews 1994）などは、研修を受けた保護観察官など実務家が活用できるように作られていますが、一方でWISC-ⅢやPCL-R（Hare 1991）などは、実施および解釈においてかなり高度で専門的な知識や経験が必要になります。これらの検査では、検査者に必要な専門性や事前研修がそれぞれ詳細に定められていて、それらの研修等を修了していないと検査を使用することができないことになっています。検査の種別ごとに必要とされる専門性のレベルについては、米国心理学会（American Psychological Association 1985）が「教育・心理検査の実施基準（The Standards for Educational and Psychological Testing）」で標準的な水準を定めています。

コンピューターを活用してスコアリングや解釈を行う点についても触れておく必要があるでしょう。最近では、検査を実施してスコアを偏差値に換算するだけではなく、心理学的な解釈を加えるところまでコンピューターが行う検査が増えてきています。統計的に分析されたデータに基づいているものや、臨床家による解釈に基づいているもの等内容はさまざまです

が，いずれも鑑別・調査を行う際に大いに役立ちます。しかし，一方でLanyon（1984）やMatarazzo（1986）が述べているように，コンピューター化された検査には危険性も潜んでいます。特に，コンピューター化されて利用しやすくなったことで，使用方法等を正しく理解できない人が検査を使ってしまう危険性が高まってきています。

　心理検査の実施や解釈という場面だけではなく，アセスメント全般において総合的に高度な専門性が求められています。統計学あるいは計量心理学的な知見を十分に身につけること，心理検査の限界を充分に認識し，そのような限界が判断形成等にどのように影響を及ぼすかという点についても深く知っておくことが必要でしょう。また，検査者は心理検査や鑑別・調査に関する倫理規程についても詳細に調べておく必要があるでしょう。よく紹介されるものとしては，米国心理学会（American Psychological Association）によるThe Standards for Educational and Psychological Testing（1985, 1999）がありますが，それぞれの国や地域の心理学会等で心理検査に関連する倫理規程が定められています。

　精神医学・心理学の専門家は少年司法領域で働く場合，法律や規則，政策，あるいは司法制度や組織についても掌握しておく必要があります。司法関係者とのコミュニケーションの基盤を築くためには，これらについて理解を深めておくことはとても大切で，裁判官や弁護士，あるいは保護観察官や福祉関係者など，精神医学・心理学以外の専門家グループに対して，対象少年の精神状況等をわかりやすく説明するためにも，相手の専門領域などを知っておくことが不可欠と言えるでしょう。

　非行・犯罪の心理機制について視野を広く保つ必要があるでしょう。少年の非行・犯罪行動の原因論や処遇方法に関係する理論や研究はかなりの量になりますが，心理鑑別の専門家は常に最新の情報に関心を払い，積極的に情報収集を行っていく必要があるでしょう。

　成人犯罪者の心理鑑別とは異なった，少年非行や青年犯罪者特有の専門知識を蓄積していくことも重要です。司法心理の研究者からは，「思春期の

発達上の問題は，成人犯罪者が持つ問題とは異なっているために，成人に関する専門知識をそのまま当てはめることはできない。青少年の非行・犯罪者の心理鑑別は成人犯罪者の専門家にまかせるべきではない」(Rogers and Michell 1991, p.293) と指摘されています。これまで思春期前後の少年用として特別に開発された検査を紹介してきましたが，それは，少年たちの鑑別・調査には成人とは異なった視点が必要であり，検査者や調査者に求められるものが違っているからです。

2-2 テストや検査の選択

ここで，少年司法制度にどのような検査を導入したらよいか，検査の選定に関するガイドラインをいくつか紹介してみたいと思います。

検査の選択は，司法制度のモデルやニーズに，あるいは各司法制度が設定する目標よって異なり，それぞれにおいて最適と考えられる手段が選ばれています。司法制度の目標によりアセスメントの方向性は異なり，少年司法制度が犯罪抑制を目指し，非行や犯罪の重さに応じて施設に収容する等判断することが目標達成に適した手段であると考える場合，鑑別・調査の焦点は犯罪行為の程度ということになります。一方，少年の再非行防止には環境問題を改善することが最も有効と考える場合，鑑別・調査は生活環境や家庭環境といった点に焦点を当てて行われることになります。

この点についていくつか問題があり，まずは，法律学の理論構成が心理学とは大きく異なっているために，法律的な考え方に心理鑑別・調査を適合させることが難しいことが多い点があげられます。前にも触れましたが，用語が似ていても法律学と心理学では意味が異なっている場合が多く，例えば「処遇への順応度」という言葉でも法律家と心理学者が受け取る意味は違っています。

さらに問題なのは，司法制度によっては目標設定が明確に行われていなかったり，目標達成に最適な手段の設定が行われていなかったりすることがあります。また，それ以前の問題として，少年司法に関する法律がなか

ったり，手続が明確に規定されていなかったりする場合もあります。各国や制度ごとに法律の制定や少年司法概念の構築，あるいは司法手続における判断基準の設定に向けてさまざまな努力が払われてきましたが，明確に確立されていない点が多く残されています（例：Grisso 1987 ; Grisso et al. 1988 ; Malton et al. 1987）。これについては精神医学・心理学関係の専門家の鑑別・調査に関する直接的な活動の範囲外との問題と考えられるのですが，これらの点が明らかにされていないと，適切で理に適った心理検査を選定することができなくなってしまうことを認識しておくべきです。

　少年司法制度の目標や手続を明確にすることで，心理検査が陥りやすい危険を回避できるようにもなります。心理検査に対する批判として，個々の資質的な特性に焦点を当てすぎて，少年が置かれている環境面に関心が払われなくなってしまうことが指摘されています（第3章を参照）。また，心理検査を導入することで非行要因の詳細な解明が進み，従来それほど問題視されていなかったことが要因として着目されるようになり，その要因をもって非行や犯罪リスクが高いと判断される少年数を増加させてしまう「ネット・ワイドニング現象（Net-widening）」を生じさせるという批判もあります。これらに対し，問題として着目すべき非行・犯罪行動が司法手続内で明確に規定されていて，それらをどのように取扱うか具体的なガイドラインが設定されている場合，環境問題の軽視やネット・ワイドニングの発生を防ぐことができると言われています。しかしその場合，調査や鑑別，あるいに処遇方法の選択が，心理検査の結果ではなく司法制度の運用方針等に基づいて決定されてしまうという問題が生じることに注意が必要です。

　まず，それぞれの司法制度でどのような情報が重要かという点を明確にする必要があり，その必要性に応えるために最適な検査や調査手続を選定すべきでしょう。そのためにも心理検査の最新の動向や情報に専門家がどれだけ触れているかという点も重要で，単に出版社のカタログを読んでいるだけでは十分とは言えず（むしろ，情報源として適していない場合があ

る），積極的に学術誌や文献・検査検索システムを活用して情報収集を行う必要があります。The Mental Measurements Yearbook（Conoley and Impara 1995）や Test Critiques（Keyser and Sweetland 1992）などには適切な情報が掲載されていて，それらを通じて急速に進化する心理検査に関する最新情報を収集していくことが重要でしょう。さらに，身近にどのような分野の専門家がいるか掌握しておくことも大切です。神経心理学，学習障害，あるいは職業適性検査といった特殊な分野について検査を依頼しなければならないこともあり，どの機関が検査の実施や検査情報を提供するか確認しておく必要があるでしょう。

複数の心理検査を鑑別・調査でどのように組み合わせていくかという点について方針を立てて計画していくことも重要でしょう。ケースによっては，知能や社会性といった一定の側面にポイントを絞って鑑別を行うことが求められる場合もありますが，多くの場合，広い範囲について調査する必要があります。例えば，家庭裁判所等における判決（審判）前の調査では，家族関係，交友関係，知的機能，性格特性，あるいは行動特性といったさまざまな側面の情報が必要になります。また，成人刑事手続への事件移送の審理では，知的・精神的に少年が公判に耐えうるか判断する必要があり，知能や精神的な成熟面に関する情報が必要になります。いずれの場合も，複数の心理検査を組み合わせていかなければなりません。

検査を組み合わせる際に，いくつか気をつけなければならない点があります。まず，判断形成に不可欠な情報を適正に得るため，検査対象を網羅する検査を組み合わせなければなりません。また，可能な限り多くの情報源を確保する必要があり，当事者である少年だけではなく，その保護者，教師，警察関係者，あるいは少年を担当したことがある関係機関の職員などから情報を得られるようにしておくと有益でしょう。Achenbach らは複数の情報源（少年，保護者および教師）に異なった手法（チェックリスト，行動観察法，あるいは面接法）を用いて並行して調査する検査法を確立していて，司法領域では重用されています（Achenbach and McConaughy

1987)。さらに，判断する内容と理論的に矛盾のない検査類を組み合わせる必要もあるでしょう。

　Jaffeは少年司法手続のために，4段階に分けられた鑑別・調査モデルを提案しています（1985）。第1段階では，成育史調査と標準化された性格検査を組み合わせて生育歴と性格・行動傾向を網羅的に調査します。Jaffeのモデルでは，性格検査にThe Basic Personality Inventory（Jackson 1995）のSelf-Esteem Scale（Benett 1995）が組み込まれています。第2段階では，第1段階で特定された問題領域を，面接や他機関からの情報などを用いてさらに詳細に調査していきます。第3段階はそれまで収集した情報を統合して解釈するステージで，第4段階ではこの解釈に基づいて対象者の処遇方針を検討します。Jaffeは，この4段階に分けられた調査モデルを，裁判所における司法臨床活動に活用できるモデルとして提唱しています。

　少年事件における検査の組み合わせ例をもう一つ表8-1で紹介しますので参照して下さい。これは，年齢がおおむね15歳から17歳の少年の調査に適していると考えられ，リスク，ニーズおよび反応性という背景要因を幅広く調査ができるように組み合わされています。必要に応じて，警察や保護観察所等の関係機関の情報を取り寄せることになっていて，最終的にはYLS/CMIを使用して集めた情報を統合した上で処遇指針を提示するようになっています。

　また，Wormith（1995）は，おおむね16歳，17歳の非行少年について，YLS/CMIのようなリスク・ニーズアセスメントを用いて問題領域とその程度を特定した後に，各問題に特化した検査を組み合わせて詳細な調査を行い，再犯リスクと改善に必要な問題領域を特定する鑑別システムを考案しています。

　非行の予防のために，犯罪行為や行為障害のスクリーニングとして考案された検査モデル（August, Realmuto, Crosby, and MacDonald 1995 ; Loeber, Dishion, and Patterson 1984）というものもあります。これらはいずれも予防的な観点から作られていますが，司法手続において再犯リスク

表8－1　少年事件調査・鑑別用心理検査組み合わせモデル

構造化面接：Revised Diagnostic Interview Schedule for Children and Adolescents（Shaffer et al., 1993）
適性検査：Multidimensional Aptitude Battery（Research Psychologists Press/Sigma）
人格検査：Basic Personality Inventory（Research Psychologists Press/Sigma） Multidimensional Self-Concept Scale（PRO-ED）
態度検査：Criminal Sentiments Scale（Gendreu et al., 1979） Pride in Delinquency Scale（Shields and Whitehall, 1991）
行動観察検査（保護者用）：Child Behavior Checklist（University Associates in Psychiatry）
行動観察検査（教師用）：Child Behavior Checklist - Teacher Report Form（University Associates in Psychiatry）
リスク・ニーズ検査：Youth Level of Service/Case Management Inventory（Hoge and Andrews, 1994）

の度合いや背景要因を調査する際に使うことも可能です。このモデルの最大の特徴は，一般的な心理検査を用いたスクリーニング段階から次第に問題領域に特化した検査へと段階的に進んでいく点にあり，高い専門性が必要で費用がかさむ検査は，段階が進むまで実施しなくてもよいことになります。

3　心理検査で今後研究が必要な分野

司法心理の鑑別・調査領域で，今後研究を進めていくことが必要な分野についてお話したいと思います。

3－1　非行・犯罪の心理機制

少年の反社会的な行動のメカニズムについて理解を深めることは，司法心理の鑑別・調査法の発展に欠かせません。非行等の反社会的な行動を引き起こす原因の解明を進め，少年の能力や特性，中でも介入プログラムに対する反応性を正確に見極めることで，より信頼性や妥当性が高く，また問題解決につながる鑑別手法へと発展させることができるようになります。これまでも，これらの分野については調査や研究が活発に行われ，非

行・犯罪理論の構築により，非行の原因や問題傾向と処遇方法との連携といった点の探求に役立っています。また，犯罪理論や背景要因に関する幅広い研究結果を統合して，非行・犯罪のメカニズムを追求する犯罪理論も誕生してきています（例：Andrews and Bonta 1994；Andrews et al. 1990；Elliott et al. 1985；Hawkins et al. 1995；Le Blanc et al. 1988）。これらの理論構築の試みと並行しながら，少年犯罪の原因，反社会的行動傾向の形成プロセス，あるいは犯罪類型といった分野に関する実証的な研究が発展してきています（Andrews 1992, 1994；Henggeler 1989,1991；Leober 1987, 1996；Thornberry 1995；Yoshikawa 1995）。

犯罪少年研究の発展の背景には，一般的な児童・少年の心理に関する理論的，あるいは実証的な研究の進展が大きく寄与しています。幼少期から思春期にかけて行動の異常を引き起こす発達上の問題解明への努力が進められていて，このような一般的な心理学の進展が，反社会的傾向の形成プロセスの理解を深めてきているのです（Hawkins, Catalano, and Miller 1992；Hersen and Ammerman 1995；Kazdin 1987, 1989；Tremblay 1992）。

また，犯罪学や心理学のほか，社会科学分野における基礎研究の発展は，司法判断に関係する鑑別・調査手法に影響を及ぼしています。すなわち，暴力犯罪の再犯危険性の査定の精度は，暴力的な行動の背景要因の解明の進展にかかっており，さらに，処分の軽重（量刑），責任能力，あるいは再犯防止のための処遇プログラムに対する適応力や反応性といった点の査定の精度も，青少年の犯罪行動の解明の進展が深く影響しています。

各種処遇プログラムの効果検証に関する研究も，鑑別・調査用の心理検査の発展に重要な影響を及ぼしています。刑罰を含む各種処遇・介入手法のうち，再犯防止に効果的なプログラムは何かという点では議論が分かれるところですが（Andrews and Bonta 1994；Andrews et al. 1990；Lipsey and Wilson 1993；Mulvey, Arthur, and Reppucci 1993；Palmer 1994；Tate, Reppucci, and Mulvey 1995），AndrewsとBontaによると，プログラムの内容が少年の問題改善に合致していて，対象少年が介入プログラムから学

習・吸収できる能力を有している場合に効果が出ることになります。対象少年の能力・適性と介入プログラムとの関連性については，近年研究が進められてきていて，今後さらに実証的なデータに裏打ちされた研究結果が出てくると考えられます。

Kazdin（1987, 1992）も，問題を持つ少年の処遇方法に関する調査を行っていて，一般的な青少年心理学の知見を発達障害を持つ少年に応用した指導方法の効果を実証的に検証して紹介しています。最近幼少時に行う予防的な介入プログラムが，後に非行や犯罪に発展する問題傾向を抑制することが証明されるようになり，予防策として注目されています（Hawkins and Catalano 1992 ; Hawkins et al. 1995 ; Yoshikawa 1994）。

非行少年の処遇プログラムの効果検証が進んでいることは，処遇選択や処遇技法の開発において非常に重要な影響を及ぼしてきています。裁判所による決定，個々の少年にふさわしい保安・警備レベルや処遇方針の決定，あるいは専門的な治療の要否の決定等は，対象者の再犯リスク，再非行防止のため改善が必要な問題領域（ニーズ），処遇・介入法に対する反応性，あるいは能力適性に関する鑑別結果等で判断することができます。鑑別により少年の持つ特性を明らかにして，それらに適合すると考えられる処遇プログラムと組み合わせていくのですが，両者の結びつきが妥当であるためには，鑑別する者が正確に処遇方法の構造やプロセスを把握しておく必要があります。すなわち，処遇プログラムについて熟知していることと，そのプログラムに適合する少年を心理検査等により適正に選定することが，処遇効果に直接影響を及ぼすことになります。

3-2　概念構成

心理検査の結果に表されている尺度の概念構成について明らかにすることも，今後の研究テーマと言えるでしょう。例えば，The Basic Personality Inventory（Jackson 1995）では「抑うつ傾向」「孤立傾向」「内向的傾向」といった尺度を用いて，それぞれをスコア化しています。検査によっては

「行為障害レベル」「軽度知的障害レベル」「不安レベル」「再犯リスクレベル」等さまざまな尺度が設定されて，その度合いをスコア等で示しています。検査がどのような尺度で構成されていて，それぞれが何を表しているか明確にすることで，検査結果から少年の特性を理解し，検査をどのような判断に用いるかを明らかにすることができます。

この点で標準化検査は検査を構成している尺度の概念について操作的に定義しているので，標準化されていない検査よりも優位に立っていると言えるのでしょうが，中には構成概念があいまいで，実際に測定しているものからずれている場合もあります（Quay et al. 1987 ; Waldman et al. 1995）。検査を開発する際に「行為障害」の意味にこだわってまずその点を考察して定義した研究（Hoge and Andrews 1992 ; Loeber, Keenan, Lahey, Green, and Thomas 1993）に見られるように，検査の構成概念を明確にする作業は非常に重要です。

心理検査の概念構成を明確にすることと並行して，少年司法制度における法律的な概念についても明らかにしておく必要があります。例えば，「処分への同意」，「法廷の審理への耐性」，「処分を重く（軽く）する要素」等は，司法手続や法律でその概念を明らかにすべきもので，心理学研究の守備範囲を越えてはいますが，心理学をはじめとするさまざまな社会科学の調査手法は，ある程度概念の明確化に役立っています。

> この問題は，**(a) 少年に関する情報と，(b) 司法手続における判断基準，という両者の間の概念的な結びつきと，実証的で体系的な調査方法を確立する**必要性を示唆している。どのような情報が少年司法手続の必要性を満たすのかという判断は，司法側の問題であって，社会科学で検討すべき領域ではない。ただし，司法判断を下す側で少年の情報を活用する基準が明確にされていない場合，社会科学は次の各点において司法を補佐することができる。すなわち，判断形成に有効な情報の種類を検討する，取得した情報を整理して構造化する，構造化された情報を現行の司法手続における判断形成に活用する方法を検討する，の3点である。（Grisso et al. 1988, p.404 ; **強調**は原

著による）

　社会科学による調査手法は，心理検査の結果にあらわされた概念と，司法側が求める検査結果の活用法との関連性を明らかにするという点で重要と言えます。Grissoの考察を紹介しましたが，彼は社会心理的要素と司法判断，すなわち身柄拘束，事件移送，あるいは処遇内容の決定の判断との関連性について研究しています（1988）。その他の研究では，公判の審理に耐えられる能力を明らかにする研究（Roesch and Golding 1987 ; Roesh, Ogloff and Golding 1993 ; Roesch, Ogloff and Golding 1993他）なども行われていて，標準化された知能検査の結果と，司法における責任能力等の判断との関係の解明に寄与しています。

3−3　検査の開発

　最後に，青少年用の心理検査や調査・鑑別手法の開発，評価，および改良に関する研究・調査の重要性についてですが，各種検査の開発と司法手続への応用には，次のような流れがあります。

　まず，児童心理学，社会心理学，性格心理学，教育心理学など，一般の心理学の領域で開発され司法手続で活用されている検査を見てみましょう。すでに紹介してきましたが，この分野の発展は目覚ましく，多くの検査が開発されて相当数が少年司法手続に用いられています。今後も司法手続における判断形成上の必要性に心理検査がどれだけ応えているか科学的に検証していく必要があり（Grisso 1987），研究を通じて非行少年に適合するように検査の標準化を進めて，司法判断上の要請に特別に応えられるように信頼性や妥当性を高めていく必要があるでしょう。また，処遇面に関する妥当性についても，教育的な介入によって生じる変化を明確に測定することができるかどうかといった点など，今後重要になってくるでしょう。

　一般的な心理検査を司法手続で採用してきた例として，古くはMMPI（Zager 1988）の活用例を紹介しましたが，最近ではBPI（Basic Personality

Inventory）を少年犯罪者に活用した例（Leschied et al. 1988）等が報告されています。

次に，司法手続において用いるために特別に開発され，検証が行われてきた心理検査ですが，この分野への関心と必要性の高まりとともに（Grisso 1987），成人犯罪者用の検査が相当数開発されています。一方，非行・犯罪少年用の検査の開発ですが，開発に向けた研究実績は少ないのですが関心は高くなってきています。本書で紹介しましたが，非行少年に焦点を絞った分類システムや，再犯リスクに関する研究が進められているほか，文化的背景の異なる非行少年に特化した研究（Hammond and Yung 1993 ; Reitsma-Street 1991 也）や，性犯罪などの犯罪特性に特化した研究（Kneight and Prenky 1993）も進められてきています。ただし，課題はたくさん残されていて，司法心理領域における心理検査の研究者にとって，挑戦すべきテーマは多いと言えるでしょう。

4 まとめ

司法制度下で少年事件を適正に取り扱うため，標準化心理検査がどのような方面で効果的に貢献できるか本書では考察してきました。また，処遇や介入という場面でアセスメント（鑑別や調査）を実施する際に問題になる点について検討してきました。最後に，非行・犯罪少年の処遇面で，ここまで触れてこなかった点についてお話をしてみたいと思います。

少年の非行や犯罪に最も適した解決策は何かという点は，各方面で活発に論議されていますが，犯罪行為によって生じる損害，すなわち，被害者が受ける心理的ダメージや経済的な損失，加害者自身が負っていかなければならない負担，あるいは加害者の家族にかかる負担などに関する議論は少ないように思います。さらに，司法制度の運営や法の執行に必要な経費という点で，公的機関が負う経済的負担は相当重く，また長期的に見てみると，幼少期や少年期の逸脱や非行に適切に対処できなかったために生じ

る社会的損失や経済的損害はかなりの額に上るものと考えられます。中には，反社会性の高い成人になって，社会に大きな損失や損害をもたらすケースもあるでしょう。一般市民の中で青少年の犯罪への恐怖が増大して，社会において公平さや平等性が失われ，人権を軽視した厳罰化をもたらすなど，民主主義社会としてあるべき姿を失うことも社会的な損失の一つと言えるでしょう。

　冒頭で述べましたが，私たちは非行少年の更生を目指して，福祉的で教育的側面を重要視した解決方法を求めていて，そのためには非行や犯罪の背景に潜む問題傾向や，その原因を明らかにすることから始めなければならないと考えています。原因や問題を明らかにした上で，それらに対処するために個々の少年の必要性と能力・適性に見合った処遇プログラムを提供し，その効果を検証しながらさらに有効なプログラムを実施していく必要があります。

　非行少年問題において，たとえ目指す方向性が異なっていても，犯罪で生じる社会的あるいは経済的な損失を考えると，この問題に大きな関心を払わざるを得ないと思います。持てる能力と資源を総動員して問題解決に向かうことで，われわれの社会は大きな利益を得ることができるのです。

付録1
本書で紹介した検査や調査法

Chapter 4
Armed Services Vocational Aptitude Battery (United States Department of Defense)
Bennett Mechanical Comprehension Test (The Psychological Corporation)
Career Assessment Inventory (Interpretive Scoring Systems)
Classroom Reading Inventory (Wm. C. Brown)
Cognitive Abilities Test (Houghton-Mifflin)
Detroit Tests of Learning Aptitudes (PRO-ED)
Differential Aptitude Test (The Psychological Corporation)
Goodenough-Harris Drawing Test (The Psychological Corporation)
Halstead-Reitan Neuropsychological Test Battery for Older Children (Neuropsychology Press)
Henmon-Nelson Test (Houghton-Mifflin)
Illinois Test of Psycholinguistic Abilities (University of Illinois Press)
Jackson Vocational Interest Survey (Research Psychologists Press/Sigma)
Kaufman Assessment Battery for Children (American Guidance Service)
Kaufman Test of Educational Achievement (American Guidance Service)
Keymath Diagnostic Arithmetic Test (American Guidance Service)
Kuhlmann-Anderson Test (Personnel Press)
Leiter International Performance Scale (C.H. Stoelting Co.)
Multidimensional Aptitude Battery (Research Psychologists Press/Sigma)
Occupational Aptitude Survey and Interest Schedule (PRO-ED)
Peabody Individual Achievement Test-Revised (American Guidance Service)
Peabody Picture Vocabulary Test (American Guidance Service)
Quick Neurological Screening Test-Revised (Psychological Corporation)
Raven's Progressive Matrices (Lewis Publishing Co.)
Self-Directed Search Inventory (Psychological Assessment Resources)
Shipley Institute of Living Scale (Western Psychological Services)
Stanford Achievement Test (Psychological Corporation)
Stanford-Binet Intelligence Scale (4th ed.) (Houghton-Mifflin)
Strong-Campbell Interest Inventory (Consulting Psychologists Press)
Test of Auditory Comprehension of Language (DLM Teaching Resources)
Wechsler Adult Intelligence Scale-Revised (The Psychological Corporation)
Wechsler Intelligence Scale for Children III (The Psychological Corporation)
Wide Range Achievement Test-Revised (The Psychological Corporation)
Woodcock-Johnson Psycho-Educational Battery (DLM Teaching Resources)

Chapter 5
AAMD Adaptive Behavior Scale-School Edition (PRO-ED)

Adaptive Behavior Evaluation Scale (Hawthorne Educational Services)
Adjustment Scale for Children and Adolescents (McDermott, Marston, & Stott, 1993)
Adolescent Drinking Index (Research Psychologists Press/Sigma)
Adolescent Drug Abuse Diagnostic Instrument (Friedman & Utada, 1989)
Adolescent Problem Inventory (Freedman et al., 1978)
Antisocial Behaviours Scale (Forth & Brown, 1993)
Attitudes Toward Institutional Authority (Rigby, 1982)
Attitudes Toward Legal Agencies (Shaw & Wright, 1967)
Attitudes Toward Probation Officers (Shaw & Wright, 1967)
Basic Personality Inventory (Research Psychologists Press/Sigma)
Behavior Assessment System for Children (Reynolds & Kamphaus, 1992)
Brief Psychiatric Rating Scale for Children (Overall & Pfefferbaum, 1982)
Child Assessment Schedule (Hodges, 1985)
Child Behavior Checklist (Parent) (University Associates in Psychiatry/Guidance Centre)
Classroom Observation Code (Abikoff & Gittelman, 1985)
Child Behavior Checklist (Teacher) (University Associates in Psychiatry/Guidance Centre)
Conners Teacher Rating Scale (Multi-Health Systems)
Criminal Sentiments Scale (Gendreau et al., 1979)
Culture-Free Self-Esteem Inventory (Research Psychologists Press)
Devereux Adolescent Behavior Rating Scale (Devereux Foundation)
Diagnostic Interview Schedule for Children (Costello et al., 1984)
Diagnostic Interview for Children and Adolescents (Herjanic et al., 1975)
Direct Observation Form (University Associates in Psychiatry)
Drug Abuse Screening Test (Skinner, 1982)
Drug Use Screening Inventory (Tarter, 1990)
Eating Disorder Inventory-2 (Garner, 1996)
High School Personality Questionnaire (The Psychological Corporation)
Independent Living Behavior Checklist (West Virginia Research and Training Center)
Interview for Antisocial Behavior (Kazdin & Esveldt-Dawson, 1986)
Jesness Inventory (Consulting Psychologists Press)
Millon Adolescent Personality Inventory (National Computer Systems)
Minnesota Multiphasic Personality Inventory (National Computer Systems)
Multidimensional Self-Concept Scale (PRO-ED)
Neutralization Scale (Shields & Whitehall, 1994)
Normative Adaptive Behavior Checklist (The psychological Corporation)
Personality Inventory for Youth (Western Psychological Services)
Piers-Harris Children's Self-Concept Scale (Western Psychological Services)
Pride in Delinquency Scale (Shields & Whitehall, 1991)
Psychopathy Checklist (Hare, 1991)
Revised Behavior Problem Checklist (Quay & Peterson, 1987)
Revised Diagnostic Interview Schedule for Children and Adolescents (Shaffer et al., 1993)
Revised Legal Attitudes Questionnaire (Kravitz et al., 1993)
Reynolds Adolescent Depression Scale (Psychological Assessment Resources)

Scales of Independent Behavior (Bruininks et al., 1984)
Self-Description Questionnaire (Marsh & O'Neill, 1984)
Self-Esteem Index (Psychological Assessment Resources)
Self-Report Deliquency Scale (Elliott et al., 1989)
Self-Reported Delinquency Scale (Mak, 1993)
Semistructured Clinical Interview for Children (McConaughy & Achenbach, 1990)
Suicidal Ideation Questionnaire (Research Psychologists Press/Sigma)
Vineland Adaptive Behavior Scales (Sparrow et al., 1984)
Youth Self-Report Inventory (University Associates in Psychiatry/Guidance Centre)

Chapter 6
Children's Report of Parental Behavior Inventory (Schluderman & Schluderman, 1970)
Community-Oriented Environment Program Scale (Moos, 1986b)
Correctional Institutions Environment Scale (Moos, 1986a)
Correctional Program Assessment Inventory (Gendreau & Andrews, 1994)
Family Adaptability and Cohesion Evaluation (Olson et al., 1985)
Family Assessment Device (Epstein et al., 1983)
Family Assessment Measure III (Multi-Health Systems)
Family Beliefs Inventory (Roehling & Robin, 1986)
Family Environment Scale (Moos & Moos, 1986)
Family Events Checklist (Patterson et al., 1992)
Parent-Adolescent Relationship Questionnaire (Robin et al., 1990)
Parent Practices Scale (Strayhorn & Weidman, 1988)
Parenting Risk Scale (Mrazek et al., 1995)
Prison Environment Inventory (Wright, 1985)
Weinberger Parenting Inventory (Feldman & Weinberger, 1994)

Chapter 7
Arizona Juvenile Risk Assessment Form (Ashford et al., 1986)
Competence Assessment for Standing Trial for Defendants with Mental Retardation (Everington & Dunn, 1995)
Competency to Stand Trial Assessment Instrument (Weisstub, 1984)
Conceptual Level Matching Model (CLMM) (Reitsma-Street & Leschied, 1988)
Diagnostic and Statistical Manual of Mental Disorders (4th ed.) (DSM-IV) (American Psychiatric Association, 1994)
Firesetting Risk Interview (Kolko & Kazdin, 1989)
Fitness Interview Test (Roesch et al., 1984)
Interpersonal Maturity Level Classification System (I-Level) (Warren, 1983)
Minnesota Multiphasic Personality Inventory (MMPI) (National Computer Systems)
Psychopathy Checklist-Revised (Multi-Health Systems)
Sentencing Factors Inventory (Andrews et al., 1987)
Wisconsin Juvenile Probation and Aftercare Assessment Form (Baird, 1981, 1985)
Youth Level of Service/Case Management Inventory (Hoge & Andrews, 1994)

付録 2
主な検査の出版元と住所

American Guidance Service, P. O. Box 99, Circle Pines, MN 55014-1796
C. H. Stoelting Co., 620 Wheat Lane, Wood Dale, IL 60191
Consulting Psychologists Press, P. O. Box 10096, Palo Alto, CA 94303
CTB/Macmillan/McGraw-Hill, 2500 Garden Rd., Monterey, CA 93940
Devereux Foundation, 19 S. Waterloo Rd., P. O. Box 400, Devon, PA 19333
DLM Teaching Resources, One DLM Park, Allen, TX 75002
Grune & Stratton, 465 South Lincoln Dr., Troy, MO 63379
Guidance Centre, 712 Gordon Baker Rd., Toronto, Ontario M2H 3R7
Hawthorne Educational Services, 800 Gray Oak Dr., Columbia, MO 65201
Houghton-Mifflin, 222 Berkeley St., Boston, MA 02116
Interpretive Scoring Systems, 4401 West 76th St., Minneapolis, MN 55435
Jastak Associates, Inc., P. O. Box 3410, Wilmington, DE 19804
Lewis Publishing Co., 136 Gower St., London WCIE 6BS, United Kingdom
Multi-Health Systems, 908 Niagara Falls Blvd., North Tonawanda, NY 14120-2060
Multi-Health Systems (Canada), 5 Overlea Blvd., Suite 210, Toronto, Ontario M4H 1P1
National Computer Systems, P. O. Box 1416, Minneapolis, MN 55440
Personnel Press, 191 Spring St., Lexington, MA 02173
PRO-ED, 8700 Shoal Creek Blvd., Austin, TX 78757
Psychological Assessment Resources, P. O. Box 998, Odessa, FL 33556
The Psychological Corporation, P. O. Box 839954, San Antonio, TX 78283-3954
The Psychological Corporation (Canada), 55 Horner Ave., Toronto, Ontario M8Z 4X6
Reitan Neuropsychology Laboratories, 2920 South 4th Ave., Tucson, AZ 85713-4819
Research Psychologists Press, P. O. Box 3292, Station B, London, Ontario N6A 4K3
Sigma Assessment Systems, P. O. Box 610984, Port Huron, M1 48061
Slosson Educational Publications, P. O. Box 280, East Aurora, NY 14052
United States Department of Defense, Testing Directorate, 2500 Green Bay Rd., North Chicago, IL 60064
University Associates in Psychiatry, Department of Psychiatry, University of Vermont, Burlington, VT 05401
University of Illinois Press, 54 E. Gregory Dr., Champaign, IL 61820
West Virginia Research and Training Center, 509 Allen Hall, West Virginia University, Morgantown, WV 26506
Western Psychological Services, 12031 Wilshire Blvd., Los Angeles, CA 90025

文 献

Abikoff, H., & Gittelman, R. (1985) Classroom Observation Code : A modification of the Stony Brook Code. *Psychopharmacology Bulletin, 21*, 901-909.
Achenbach, T.M. (1991a) *Manual for the Child Behavior Checklist/4-18 and 1991 Profile.* Burlington, VT : University of Vermont, Department of Psychiatry.
Achenbach, T.M. (1991b) *Manual for the Teacher's Report Form and 1991 Profile.* Burlington, VT : University of Vermont, Department of Psychiatry.
Achenbach, T.M., & McConaughy, S.H. (1987) *Empirically based assessment of child and adolescent psychopathology : Practical applications.* Newbury Park, CA : Sage.
Akers, R.L. (1994) *Criminological theories : Introduction and evaluation.* Los Angeles, CA : Roxbury.
American Psychiatric Association. (1989) *Principles of medical ethics with annotations especially applicable to psychiatry.* Washington, DC : Author.
American Psychiatric Association. (1994) *Diagnostic and statistical manual of mental disorders* (4th ed.). Washington, DC : Author.
American Psychological Association. (1985) *Standards for educational and psychological testing.* Washington, DC : Author.
American Psychological Association. (1991) *Ethical guidelines for forensic psychology.* Washington, DC : Author.
Anastasi, A. (1986) Evolving concepts of test validation. *Annual Review of Psychology, 37*, 1-15.
Andrews, D.A. & Bonta, J. (1994) *The psychology of criminal conduct.* Cincinnati, OH : Anderson Publishing.
Andrews, D.A., & Bonta, J. (1995) *Level of Service Inventory-Revised.* Toronto : Multi-Health Systems.
Andrews, D.A., Bonta, J., & Hoge, R.D. (1990) Classification for effective rehabilitation : Rediscovering psychology. *Criminal Justice and Behavior, 17*, 19-52.
Andrews, D.A., Hoge, R.D., & Leschied, A. (1992) *A review of the profile, classification, and treatment literature with young offenders : A social psychological analysis.* Toronto : Ontario Ministry of Community and Social Services.
Andrews, D.A., Robblee, M.A., Saunders, R., Huartson, K., Robinson, D., Kiessling, J.J., &West, D. (1987) Some psychometrics of judicial decision-making : Toward a Sentencing Factors Inventory. *Criminal Justice and Behavior, 14*, 62-80.
Andrews, D.A., Robinson, D., & Hoge, R.D. (1984) *Manual for the Youth Level of Service Inventory.* Ottawa, Ontario : Department of Psychology, Carleton University.
Archer, R.P. (1989) *MMPI assessment of adolescent clients : Clinical notes on the MMPI, No.12.* Minneapolis, MN : National Computer Systems.
Archer, R.P. (1992) *MMPI-A : Assessing adolescent psychopathology.* Hillsdale, NJ : Lawrence Erlbaum Associates.
Ashford, J.B., & LeCroy, C.W. (1988) Predicting recidivism : An evaluation of the Wisconsin Juvenile Probation and Aftercare Risk Instrument. *Criminal Justice and Be-*

havior, 15, 141-151.
Ashford, J.B., & LeCroy, C.W. (1990) Juvenile recidivism : A comparison of three prediction instruments. *Adolescence, 25,* 441-450.
Ashford, J.B., LeCroy, C.W., & Bond-Maupin, L. (1986) *The Arizona Juvenile Aftercare Decision Making System.* Tempe, AZ : Arizona State University.
August, G.J., Realmuto, G.M., Crosby, R.D., & MacDonald III, A.W. (1995) Community-based multiple-gate screening of children at risk for conduct disorder. *Journal of Abnormal Child Psychology, 23,* 521-544.
Baird, S.C. (1981) Probation and parole classification : The Wisconsin model. *Corrections Today, 43,* 36-41.
Baird, S.C. (1984) *Classification of juveniles in corrections : A model systems approach.* Washington, DC : Arthur D. Little.
Baird, S.C. (1985) Classifying juveniles : Making the most of an important management tool. *Corrections Today, 47,* 32-38.
Bala, N. (1992) The Young Offenders Act : The legal structure. In R.R. Corrado, N. Bala, R. Linden, & M. Le Blanc (Eds.), *Juvenile justice in Canada : A theoretical and analytical assessment* (pp.21-73). Toronto : Buttenvorths.
Bennett, L.A., Sorensen, D.E., & Forshag, H. (1971) The application of self-esteem measures in correctional settings : I. Reliability of the scale and relationship to other measures. *Journal of Research in Crime and Deliquency, 8,* 1-9.
Beutler, L.E., & Clarkin, J. (1990) *Systematic treatment selection : Toward targeted therapeutic interventions.* New York : Brunner/Mazel.
Billings, A., & Moos, R. (1982) Family environments and adaptation : A clinically applicable typology. *American Journal of Family Therapy, 10,* 26-38.
Binder, A., Geis, G., & Bruce, D. (1988) *Juvenile delinquency : Historical, cultural, and legal perspectives.* New York : Macmillan.
Blaske, D.M., Borduin, C.M., Henggeler, S.W., & Mann, B.J. (1989) Individual, family, and peer characteristics of adolescent sex offenders and assaultive offenders. *Developmental Psychology, 25,* 846-855.
Borduin, C.M., Mam, B.J., Cone, L.T., Henggeler, S.W., Fucci, B.R., Blaske, D.M., & Williams, R.A. (1995) Multisystemic treatment of serious juvenile offenders : Long-term prevention of criminality and violence. *Journal of Consulting and Clinical Psychology, 63,* 569-578.
Brodsky, S.L., & Smitherman, H.W. (1983) *Handbook of scales for research in crime and delinquency.* New York : Plenum.
Bronfenbrenner, U. (1979) *The ecology of human development.* Cambridge, MA : Harvard University Press.
Bronfenbrenner, U. (1986) Ecology of the family as a context for human development : Research perspectives. *Developmental Psychology, 22,* 723-742.
Bruininks, R.H., Woodcock, R.W., Weatherman, R.F., & Hill, B.K. (1984) *Scales of Independent Behavior : Interviewer's manual.* Allen, TX : DLM Teaching Resources.
Butcher, J.N., Williams, C.L., Graham, J.R., Archer, R.P,, Tellegen, R.P., Ben- Porath, Y.S., & Kaemmer, B. (1992) *MMPI-A : Manual for administration, scoring, and interpretation.* Minneapolis, MN : University of Minnesota Press.

Butler, J.W., Novy, D., Kagan, N., & Gates, G. (1994) An investigation of differences in attitudes between suicidal and nonsuicidal student ideators. *Adolescence, 29*, 623-628.

Byrne, B.M. (1984) The general/academic self-concept nomological network : A review of construct validation research. *Review of Educational Research, 54*, 427-456.

Byrne, B.M. (1996) *Measuring self-concept across the life span : Issues and instrumentation.* Washington, DC : American Psychological Association.

Campbell, D.T., & Fiske, D.W. (1959) Convergent and discriminant validation by the multitrait-multimethod matrix. *Psychological Bulletin, 56*, 81-105.

Canadian Psychological Association (1991) *Canadian Code of Ethics for Psychologists.* Ottawa, Ontario : Author.

Canter, M.B., Bennett, B.E., Jones, S.E., & Nagy, T.F. (1994) *Ethics for psychologists : A commentary on the APA Ethics Code.* Washington, DC : American Psychological Association.

Carrington, P.J., Moyer, S., & Kopelman, E (1988) Factors affecting predispositional detention and release in Canadian juvenile courts. *Journal of Criminal Justice, 16*, 463-476.

Carrow-Woolfolk, E. (1985) *Test for Auditory Comprehension of Language* (Rev. Ed.). Allen, TX : DLM Teaching Resources.

Champion, D.J. (1994) *Measuring offender risk : A criminal justice sourcebook.* Westport, CT : Greenwood Press.

Clear, T. (1988) Statistical prediction in corrections. *Research in Corrections, 1*, 1-39.

Clements, C.B. (1981) The future of offender classification : Some cautions and prospects. *Criminal Justice and Behavior, 8*, 15-35.

Clements, C.B. (1996) Offender classification : Two decades of progress. *Criminal Justice and Behavior, 23*, 121-143.

Cline, T. (1985) Clinical judgment in context : A review of situational factors in person perception during clinical interviews. *Journal of Child Psychology and Psychiatry, 26*, 369-380.

Cohen, S. (1985) *Visions of social control : Crime, punishment, and classification.* Oxford : Basil Blackwell.

Compas, B.E., Hinden, B.R., & Gerhardt, C.A. (1995) Adolescent development : Pathways and processes of risk and resilience. *Annual Review of Psychology, 46*, 265-293.

Conoley, J.C., & Impara, J.C. (1995) *The 12th mental measurements yearbook.* Lincoln, NB : University of Nebraska Press.

Corrado, R.R. (1992) Introduction. In R.R. Corrado, N. Bala, R. Linden, & M. Le Blanc (Eds.), *Juvenile justice in Canada : A theoretical and analytical assessment* (pp.1-20). Toronto : Butterworths.

Corrado, R.R., & Markwart, A. (1992) The evolution and implementation of a new era in juvenile justice in Canada. In R.R. Corrado, N. Bala, R. Linden, & M. Le Blanc (Eds.), *Juvenile justice in Canada : A theoretical and analytical assessment* (pp.137-228). Toronto : Butterworths.

Corrado, R.R., & Turnbull, S.D. (1992) A comparative examination of the Modified Justice Model in the United Kingdom and the United States. In R.R. Corrado, N. Bala, R. Linden, & M. Le Blanc (Eds.), *Juvenile justice in Canada : A theoretical and analytical assessment* (pp.75-136). Toronto : Butterworths.

Costello, E.J., Edelbrock, L.S., Dulcan, M.K., Kalas, R., & Klaric, S.H. (1984) *Report on the NIMH Diagnostic Interview Schedule for Children(DISC)*. Washington, DC : National Institute of Mental Health.

Crealock, C.M. (1991) Characteristics and needs of the learning-disabled young offender. In A.W. Leschied, P.G. Jaffe, and W. Willis (Eds.), *The Young Offenders Act : A revolution in Canadian juvenile justice* (pp.233-247). Toronto : University of Toronto Press.

Dannefer, D., & Shutt, R. (1982) Race and juvenile justice processing in court and police agencies. *American Journal of Sociology, 87,* 1113-1132.

Dawes, R.M., Faust, D., & Meehl, P.E. (1989) Clinical vs actuarial judgments. *Science, 243,* 1668-1674.

Doob, A.N., & Beaulieu, L.A. (1993) Variation in the exercise of judicial discretion with young offenders. In T.O'Reilly-Fleming & B. Clark (Eds.), *Youth injustice : Canadian perspectives* (pp.231-248). Toronto : Canadian Scholars Press.

Doob, A.N., & Chan, J.B.L. (1982) Factors affecting police decisions to take juveniles to court. *Canadian Journal of Criminology, 24,* 25-37.

Doob, A.N., & Chan, J.B.L. (1993) Trends in the use of custodial dispositions with young offenders. In T.O'Reilly-Fleming & B. Clark (Eds.), *Youth injustice : Canadian persepective*s (pp.249-276). Toronto : Canadian Scholars Press.

Elliott, D.S., Ageton, S.S., Huizinga, D., Knowles, B.A., & Canter, R.J. (1983) *The prevalence and incidence of delinquent behavior : 1976-1980.* Boulder, CO : Behavioral Research Institute.

Elliott, D.S., Huizinga, D., & Ageton, S.S. (1985) *Explaining delinquency and drug use.* Beverly Hills, CA : Sage.

Elliott, D.S., Huizinga, D., & Menard, S. (1989) *Multiple problem youth : Delinquency, substance use, and mental health problems.* New York : Springer-Verlag.

Epstein, N.B., Baldwin, L.M., & Bishop, D.S. (1983) The McMaster Family Assessment Device. *Journal of Marital and Family Therapy, 9,* 171-180.

Everington, C., & Dunn, C. (1995) A second validation study of the Competence Assessment for Standing Trial for Defendants with Mental Retardation (CAST-MR). *Criminal Justice and Behavior, 22,* 44-59.

Farnworth, M., Frazier, C.E., & Neuberger, A.R. (1988) Orientations to juvenile justice : Exploratory notes from a statewide survey of juvenile justice decisions makers. *Journal of Criminal Justice, 16,* 477-491.

Feldman, S.S., & Weinberger, D.A. (1994) Self-restraint as a mediator of family influences on boys' delinquent behavior : A longitudinal study. *Child Development, 65,* 195-211.

Floud, J., & Young, W. (1981) *Dangerousness and criminal justice.* London : Heinemann Educational Books.

Forth, A.E., & Brown, S.E. (1993) *The Antisocial Behaviours Scale.* Unpublished manuscript. Ottawa, Ontario : Carleton University.

Forth, A.E., Hart, S.D., & Hare, R.D. (1990) Assessment of psychopathology in male young offenders. *Psychological Assessment, 2,* 342-344.

Frazier, C.E., & Bishop, D.M. (1985) The pretrial detention of juveniles and its impact on case dispositions. *Journal of Criminal Law and Criminology, 76,* 1132-1152.

Freedman, B.J., Rosenthal, L., Donahoe, C.P., Schlundt, D.G., & McFall, R.M. (1978) A social-behavioral analysis of skill deficits in delinquent and nondelinquent adolescent boys. *Journal of Consulting and Clinical Psychology, 46,* 1448-1462.

Frick, P.J., O'Brien, B.S., Wooton, J.M., & McBurnett, K. (1994) Psychopathy and conduct problems in children. *Journal of Abnormal Psychology, 103,* 700-707.

Friedman, A.S., Utada, A. (1989) A method for diagnosing and planning the treatment of adolescent drug abusers (The Adolescent Drug Abuse Diagnosis [ADAD] Interview). *Journal of Drug Education, 19,* 285-312.

Garb, H.N. (1989) Clinical judgment, clinical training, and professional experience. *Psychological Bulletin, 105,* 387-396.

Gardner, H. (1983) *Frames of mind : The theory of multiple intelligences.* New York : Basic Books.

Gardner, H., Krechevsky, M., Sternberg, R.J., & Okagaki, L. (1994) *Intelligence in context : Integrating cognitive theory and classroom practice.* Cambridge, MA : MIT Press.

Garner, D.M. (1996) The Eating Disorder Inventory-2. In L.I.Sederer & B. Dickey (Eds.), *Outcomes assessment in clinical practice* (pp.92-96). Baltimore, MD : Williams & Wilkins.

Gendreau, P., & Andrews, D.A. (1994) *The Correctional Program Assessment Inventory.* St. John, New Brunswick : Department of Psychology, University of New Brunswick.

Gendreau, P., Grant, B.A., Leipciger, M., & Collins, C. (1979) Norms and recidivism rates for the MMPI and selected experimental scales on a Canadian delinquent sample. *Canadian Journal of Behavioural Science, 11,* 21-31.

Giller, H., & Tutt, N. (1987) Police cautioning of juveniles : The continuing practice of diversity. *Criminal Law Review, 367-374.*

Glaser, D. (1987) Classification for risk. In D.M. Gottfredson & M. Tonry (Eds.), *Prediction and classification : Criminal justice decision making* (pp.249-292). Chicago : University of Chicago Press.

Gottfredson, M.R., & Gottfredson, D.M. (1988) *Decision making in criminal justice : Toward a rational exercise of discretion.* New York : Plenum Press.

Grisso, T. (1986) *Evaluating competencies : Forensic assessments and instruments.* New York : Plenum.

Grisso, T. (1987) The economic and scientific future of forensic assessment. *American Psychologist, 42,* 831-839.

Grisso, T., & Conlin, M. (1984) Procedural issues in the juvenile justice system. In N. Reppucci, L. Weithorn, E. Mulvey, & J. Monohan (Eds.), *Children, mental health, and the law* (pp.171-193). Beverly Hills, CA : Sage.

Grisso, T., Tomkins, A., & Casey, P. (1988) Psychosocial concepts in juvenile law. *Law and Human Behavior, 12,* 403-437.

Guerra, N.G., Huesmann, L.R., & Hanish, L. (1994) The role of normative beliefs in children's social behavior. In N. Eisenberg (Ed.), *Social development* (pp.140-158).

Thousand Oaks, CA : Sage.
Gutterman, E.M., O'Brien, J.D., & Young, J.G. (1987) Structured diagnostic interviews for children and adolescents : Current status and future directions. *Journal of the American Academy of Child and Adolescent Psychiatry, 26,* 621-630.
Hallahan, D.P., & Kauffman, J.M. (1991) *Exceptional children : Introduction to special education* (5th ed.). Englewood Cliffs, NJ : Prentice-Hall.
Halleck, S.L., Hoge, S.K., Miller, R.D., Sadoff, R.L., & Halleck, N.H. (1992) The use of psychiatric diagnoses in the legal process : Task force report of the American Psychiatric Association. *Bulletin of the American Academy of Psychiatry and Law, 20,* 481-499.
Hammond, W.R., & Yung, B. (1993) Psychology's role in the public health response to assaultive violence among young African-American men. *American Psychologist, 48,* 142-154.
Hare, R.D. (1991) *The Psychopathy Checklist-Revised.* Toronto, Ontario : MHS Publishing.
Hare, R.D., Harpur, T.J., Hakstian, A.R., Forth, A.E., Hart, S.D., & Newman, J.P. (1990) The revised Psychopathy Checklist : Reliability and factor structure. *Psychological Assessment, 2,* 338-341.
Harris, M.M. (1989) Reconsidering the employment interview : A review of recent literature and suggestions for future research. *Personnel Psychology, 42,* 691-726.
Harris, P.M. (1988) Juvenile sentence reform and its evaluation. *Evaluation Review, 12,* 655-666.
Harris, P.W. (1988) The Interpersonal Maturity Level Classification System. *Criminal Justice and Behavior, 15,* 58-77.
Hart, S.D., Webster, C.D., & Menzies, R.J. (1993) A note on portraying the accuracy of violence predictions. *Law and Human Behavior, 17,* 695-700.
Hawkins, J.D., & Catalano, R.F. (1992) *Communities that care.* San Francisco, CA : Jossey-Bass.
Hawkins, J.D., Catalano, R.F., & Brewer, D.D. (1995) Preventing serious, violent, and chronic juvenile offending : Effective strategies from conception to age 6. In J.C. Howell, B. Krisberg, J.D. Hawkins, & J.J. Wilson (Eds.), *A sourcebook : Serious, violent, and chronic juvenile offenders* (pp.47-60). Thousand Oaks, CA : Sage.
Hawkins, J.D., Catalano, R.F., & Miller, J.Y. (1992) Risk and protective factors for alcohol and other drug problems in adolescence and early adulthood : Implications for substance abuse prevention. *Psychological Bulletin, 112,* 64-105.
Henggeler, S.W. (1989) *Delinquency in adolescence.* Newbury Park, CA : Sage.
Henggeler, S.W. (1991) Multidimensional models of delinquent behavior and their implications for treatment. In R. Cohen & A.W. Siegel (Eds.), *Context and development* (pp.211-231). Hillsdale, NJ : Erlbaum.
Henggeler, S.W., Melton, G.B., & Smith, L.A. (1992) Family preservation using multisystemic therapy : An effective alternative to incarcerating serious juvenile offenders. *Journal of Consulting and Clinical Psychology, 60,* 953-961.
Henggeler, S.W., Melton, G.B., Smith, L.A., Schoenwald, S.K., & Hanley, J.H. (1993) Family preservation using multisystematic treatment : Long term follow-up to a

clinical trial with serious juvenile offenders. *Journal of Child and Family Studies, 2,* 283-293.

Herjanic, B., Herjanic, M., Brown, F., and Wheatt, T. (1975) Are children reliable reporters? *Journal of Abnormal Child Psychology, 3,* 41-48.

Hersen, M., & Ammerman, R.T. (1995) *Advanced abnormal child psychology.* Hillsdale, NJ : Erlbaum.

Hirschi, T., & Hindelang, M.V. (1977) Intelligence and delinquency : A revisionist review. *American Sociological Review, 42,* 571-587.

Hodges, K. (1985) *Manual for the Child Assessment Schedule.* Ypsilanti, MI : Department of Psychology, Eastern Michigan University.

Hodges, K. (1993) Structured interviews for assessing children. *Journal of Child Psychology and Psychiatry, 34,* 49-68.

Hodges, K., Cools, J., & McKnew, D. (1989) Test-retest reliability of a clinical research interview for children : The Child Assessment Schedule. *Psychological Assessment, 1,* 317-322.

Hoge, R.D. (1983) Psychometric properties of teacher-judgment measures of pupil aptitudes, classroom behaviors, and achievement levels. *Journal of Special Education, 17,* 401-429.

Hoge, R.D., & Andrews, D.A. (1986) A model for conceptualizing interventions in social service agencies. *Canadian Psychology, 27,* 332-341.

Hoge, R.D., & Andrews, D.A. (1992) Assessing conduct problems in the classroom. *Clinical Psychology Review, 12,* 1-20.

Hoge, R.D., & Andrews, D.A. (1994) *The Youth Level of Service/Case Management Inventory and manual.* Ottawa, Ontario : Department of Psychology, Carleton University.

Hoge, R.D., & Andrews, D.A. (1996, August) *Assessing risk and need factors in the youthful offender.* Presentation at the Annual Conference of the American Psychological Association, Toronto, Ontario.

Hoge, R.D., Andrews, D.A., & Leschied, A.W. (1994) Tests of three hypotheses regarding the predictors of delinquency. *Journal of Abnormal Child Psychology, 22,* 547-559.

Hoge, R.D., Andrews, D.A., & Leschied, A.W. (1995) Investigation of variables asssociated with probation and custody dispositions in a sample of juveniles. *Journal of Clinical Child Psychology, 24,* 279-286.

Hoge, R.D., Andrews, D.A., & Leschied, A.W. (1996) An investigation of risk and protective factors in a sample of youthful offenders. *Journal of Child Psychology and Psychiatry, 37,* 419-424.

Hoge, R.D., & Coladarci, T. (1989) Teacher-based judgments of academic achievement : A review of literature. *Review of Educational Research, 59,* 297-313.

Hoge, R.D., & Renzulli, J.S. (1993) Exploring the link between giftedness and self-concept. *Review of Educational Research, 63,* 449-465.

Holden, G.W., & Edwards, L.A. (1989) Parental attitudes toward child rearing : Instruments, issues, and implications. *Psychological Bulletin, 106,* 29-58.

Hunt, D.E. (1971) *Matching models in education.* Toronto : Ontario Institute for Studies in Education

Hunt, D.E., Butler, L.F., Noy, J.E., & Rosser, M.E. (1971) *Assessing conceptual level by the paragraph completion method.* Toronto : Ontario Institute for Studies in Education.
Jackson, D.N. (1994) *The Jackson Vocational Interest Survey Manual.* Port Huron, MI : Sigma Assessment Systems, Inc.
Jackson, D.N. (1995) *The Basic Personality Inventory Manual.* Port Huron, MI : Sigma Assessment Systems, Inc.
Jackson, D.N., Helmes, E., Hoffmann, H., Holden, R.R., Jaffe, P.G., Reddon, J.R., & Smiley, W.C. (1989) *The Basic Personality Inventory Manual.* Port Huron, MI : Sigma Assessment Systems.
Jacob, T., & Tennenbaum, D.L. (1988) *Family assessment : Rationale, methods, and future directions.* New York : Plenum.
Jaffe, P.G., Leschied, A.W., Sas, L., & Austin, G.W. (1985) A model for the provision of clinical assessments and service brokerage for young offenders : The London Family Court Clinic. *Canadian Psychology, 26,* 54-61.
Jesness, C.F., & Wedge, R.F. (1984) Validity of a revised Jesness Inventory I-Level classification with delinquents. *Journal of Consulting and Clinical Psychology, 52,* 997-1010.
Jesness, C.F., & Wedge, R.F. (1985) *Jesness Inventory classification system : Supplementary manual.* Palo Alto, CA : Consulting Psychologists Press.
Jessor, R., Donovan, J.E., & Costa, F.M. (1991) *Beyond adolescence : Problem behavior and young adult development.* Cambridge : Cambridge University Press.
Jessor, R., & Jessor, S.L. (1977) *Problem behavior and psychosocial development : A longitudinal study of youth.* New York : Academic Press.
Kaufman, A.S. (1979) *Intelligent testing with the WISC-R.* New York : Wiley.
Kaufman, A.S., & Kaufman, N.L. (1985) *Kaufman Test of Educational Achievement.* Circle Pines, MN : American Guidance Service.
Kazdin, A.E. (1987) *Conduct disorders in childhood and adolescence.* Newbury Park, CA : Sage.
Kazdin, A.E. (1989) Developmental psychopathology : Current research, issues, and directions. *American Psychologist, 44,* 180-187.
Kazdin, A.E. (1993) Adolescent mental health : Prevention and treatment programs. *American Psychologist, 48,* 127-141.
Kazdin, A.E., & Esveldt-Dawson, K. (1986) The Interview for Antisocial Behavior : Psychometric characteristics and concurrent validity with child psychiatric inpatients. *Journal of Psychopathology and Behavioral Assessment, 8,* 289-303.
Keyser, D.J., & Sweetland, R.C. (1992) *Test critiques.* Kansas City, MO : Test Corporation of America.
Knight, R.A., & Prentky, R. (1993) Exploring characteristics for classifying juvenile sex offenders. In H.E. Barbaree, W.L. Marshall, & S.M. Hudson (Eds.), *The juvenile sex offender* (pp.45-83). New York : Guilford.
Kolb, B., & Whishaw, I.Q. (1985) *Fundamentals of human neuropsychology* (2nd ed.). New York : Freeman.
Kolko, D.J., & Kazdin, A.E. (1989) Assessment of dimensions of childhood firesetting

among patients and nonpatients : The Firesetting Risk Interview. *Journal of Abnormal Child Psychology, 17,* 157-176.

Kravitz, D.A., Cutler, B.L., & Brock, P. (1993) Reliability and validity of the original and revised Legal Attitudes Questionnaire. *Law and Human Behavior, 17,* 661-667.

L'Abate, L., & Bagarozzi, D.A. (1993) *Sourcebook of marriage and family evaluation.* New York : Brunner/Mazel.

Lachar, D., & Kline, R.B. (1994) Personality Inventory for Children and Personality Inventory for Youth. In M.E. Maruish (Ed.), *The use of psychological testing for treatment planning and outcome assessment* (pp.479-516). Hillsdale, NJ : Erlbaum.

Lanyon, R. (1984) Personality assessment. *Annual Review of Psychology, 35,* 689-701.

Last, C.G. (1987) Developmental considerations. In C.G. Last & M. Hersen (Eds.), *Issues in diagnostic research* (pp.201-216). New York : Plenum.

Le Blanc, B., & Beaumont, H. (1992) The effectiveness of juvenile justice in Quebec : A natural experiment in implementing formal diversion and a justice model. In R.R. Corrado, N. Bala, R. Linden, & M. Le Blanc (Eds.), *Juvenile justice in Canada : A theoretical and analytical assessment* (pp.283-312). Toronto : Butterworths.

Le Blanc, B., Ouimet, M., & Tremblay, R.E. (1988) An integrative control theory of delinquent behavior : A validation of 1976-1985. *Psychiatry, 51,* 164-176.

Leschied, A.W., Austin, G.W., & Jaffe, P.G. (1988) Impact of the Young Offenders Act on recidivism rates of special needs youth : Clinical and policy implications. *Canadian Journal of Behavioural Science, 20,* 322-331.

Leschied, A.W., Jaffe, P.G., Andrews, D.A., & Gendreau, P. (1992) Treatment issues and young offenders : An empirically derived vision of juvenile justice policy. In R.R. Corrado, N. Bala, R. Linden, & M. Le Blanc (Eds.), *Juvenile justice in Canada : A theoretical and analytical assessment* (pp.347-366). Toronto : Butterworths.

Lezak, M.D. (1995) *Neuropsychological assessment.* New York : Oxford University Press.

Lipsey, M.W., & Wilson, D.B. (1993) The efficacy of psychological, educational, and behavioral treatments : Confirmation from meta-analysis. *American Psychologist, 48,* 1181-1209.

Loeber, R., & Dishion, T.J. (1983) Early predictors of male delinquency : A review. *Psychological Bulletin, 94,* 68-99.

Loeber, R., Dishion, T.J., & Patterson, G.R. (1984) Multiple gating : A multistage assessment procedure for identifying youths at risk for delinquency. *Journal of Research in Crime and Delinquency, 21,* 7-32.

Loeber, R., Keenan, K., Lahey, B.B., Green, S.M., & Thomas, C. (1993) Evidence for developmentally based diagnoses of oppositional defiant disorder and conduct disorder. *Journal of Abnormal Child Psychology, 21,* 377-410.

Loeber, R., & Stouthamer-Loeber, M. (1986) Family factors as correlates and predictors of juvenile conduct problems and delinquency. In M. Tonry & N. Morris (Eds.), *Crime and justice : An annual review of research* (Vol.7, pp.29-150). Chicago : University of Chicago Press.

Loeber, R., & Stouthamer-Loeber, M. (1987) Prediction. In H.C. Quay (Ed.), *Handbook of juvenile delinquency* (pp.325-382). New York : Wiley.

Loeber, R., & Stouthamer-Loeber, M. (1996) The development of offending. *Criminal*

Justice and Behavior, 23, 12-24.
Luthar, S.S. (1993) Annotation : Methodological and conceptual issues in research on childhood resilience. *Journal of Child Psychology and Psychiatry, 14,* 441-453.
Mak, A.S. (1993) A self-report delinquency scale for Australian adolescents. *Australian Journal of Psychology, 45,* 75-79.
Markwart, A. (1992) Custodial sanctions under the young offenders Act. In R.R. Corrado, N. Bala, R. Linden, & M. Le Blanc (Eds.), *Juvenile justice in Canada : A theoretical and analytical assessment* (pp.229-281). Toronto : Butterworths.
Marsh, H.W., & O'Neill, R. (1984) Self Descnption Questionnaire III : The construct validity of multidimensional self-concept ratings by late adolescents. *Journal of Educational Measurement, 21,* 153-174.
Mash, E.J., & Terdal, L.G. (1988) *Behavioral assessment of childhood disorders.* New York : Guilford.
Matarazzo, J.D. (1986) Computerized clinical psychological test interpretations : Unvalidated plus all mean and no sigma. *American Psychologist, 41,* 14-24.
Matarazzo, J.D. (1990) Psychological assessment versus psychological testing : Validation from Binet to the school, clinic, and courtroom. *American Psychologist, 45,* 999-1017.
McConaughy, S.H., & Achenbach, T.M. (1990) *Guide for the Semistructured Clinical Interview for Children Aged 6-11.* Burlington, VT : University of Vermont, Department of Psychiatry.
McDermott, J. (1983) The serious juvenile offender : Problems in definition and targeting. In J.R. Klugel (Ed.), *Evaluating juvenile justice* (pp.67-90). Beverly Hills, CA : Sage.
McDermott, P.A., Marston, N.C., & Stott, D.H. (1993) *Adjustment scales for children and adolescents.* Philadelphia, PA : Edumetric and Clinical Science.
McReynolds, P. (1989) Diagnosis and clinical assessment : Current status and major issues. *Annual Review of Psychology, 40,* 83-108.
Megargee, E.I. (1977) A new classification system for criminal offenders. *Criminal Justice and Behavior, 4,* 107-114.
Megargee, E.I. (1984) A new classification system for criminal offenders : VI : Differences among the types on the adjective checklist. *Criminal Justice and Behavior, 11,* 349-376.
Magargee, E.I., & Bohn, M. (1979) *Classifying criminal offenders : A new system based on the MMPI.* Beverly Hills, CA : Sage.
Melton, G.B., Petrila, J., Poythress, N.G., & Slobogin, C. (1987) *Psychological evaluations for the court : A handbook for mental health professionals and lawyers.* New York : Guilford.
Messick, S. (1989a) Validity. In R.L. Linn (Ed.), *Educational measurement* (3rd ed., pp.13-103). Washington, DC : American Council on Education and National Council on Measurement in Education.
Messick, S. (1989b) Meaning and values in test validation : The science and ethics of assessment. *Educational Researcher, 18,* 5-11.
Messick, S. (1995) Validity of psychological assessment : Validation of inferences from persons' responses and performances as scientific inquiry into score meaning. *Ameri-*

can *Psychologist, 50,* 741-749.
Meyer, R.G., & Deitsch, S.E. (1996) *The clinician's handbook : Integrated diagnostics, assessment, and in adult and adolescent psychopathology* (4th ed.). New York : Allyn & Bacon.
Millon, T., Green, C.J., & Meagher, R.B. (1982) *Millon Adolescent Personality Inventory manual.* Minneapolis, MN : National Computer Systems.
Moos, R.H. (1975) *Evaluating correctional and community settings.* New York : Wiley.
Moos, R.H. (1986a) *Correctional Institutions Environment Scale manual* (2nd ed.). Palo Alto, CA : Consulting Psychologists Press.
Moos, R.H. (1986b) *Community-Oriented Programs Environment Scale manual.* Palo Alto, CA : Consulting Psychologists Press.
Moos, R.H., & Moos, B. (1986) *The Family Environment Scale manual* (2nd ed.). Palo Alto, CA : Consulting Psychologists Press.
Morris, A., & Giller, H. (1987) *Understanding juvenile justice.* London : Croom Helm.
Mrazek, D.A., Mrazek, P., & Klinnert, M. (1995) Clinical assessment of parenting. *Journal of the American Academy of Child and Adolescent Psychiatry, 34,* 272-282.
Mulvey, E.P. (1984) Judging amenability to treatment in juvenile offenders : Theory and practice. In N. Reppucci, L. Weithorn, E. Mulvey, & J. Monohan (Eds.), *Children, mental health, and the law* (pp.195-210). Beverly Hills, CA : Sage.
Mulvey, E.P., Arthur, M.W., & Reppucci, N.D. (1993) The prevention and treatment of juvenile delinquency : A review of research. *Clinical Psychology Review, 13,* 133-167.
Murphy, K.R. & Davidshofer, C.O. (1988) *Psychological testing : Principles and applications.* Englewood Cliffs, NJ : Prentice-Hall.
Niarhos, F.J., & Routh, D.K. (1992) The role of clinical assessment in the juvenile court : Predictors of juvenile dispositions and recidivism. *Journal of Clinical Child Psychology, 21,* 151-159.
Olson, D.H., Partner, J., & Lavoie, Y. (1985) *FACES III.* St. Paul, MN : University of Minnesota Publications.
Overall, J.E., & Pfefferbaum, B. (1982) The Brief Psychiatric Rating Scale for Children. *Psychopharmacology Bulletin, 18,* 10-16.
Palmer, T. (1984) Treatment and the role of classification : A review of basics. *Crime and Delinquency, 30,* 245-267.
Palmer, T. (1992) *The re-emergence of correctional interventions.* Newbury Park, CA : Sage.
Palmer, T. (1994) *A profile of correctional effectiveness and new directions for research.* Albany, NY : State University of New York Press.
Patterson, G.R., DeBaryshe, B.D., & Ramsey, E. (1989) A developmental persepective on antisocial behavior. *American Psychologist, 44,* 329-335.
Patterson, G.R., Reid, J.B., & Dishion, T.J. (1992) *Antisocial boys.* Eugene, OR : Castalia.
Pratt, J. (1989) Corporatism : The third model of juvenile justice. *British Journal of Criminology, 29,* 236-253.
Quay, H.C. (1964) Personality dimensions in delinquent males as inferred from the factor analysis of behavior ratings. *Journal of Research in Crime and Delinquency, 1,* 33-37.

Quay, H.C. (1966) Personality patterns in preadolescent delinquent boys. *Educational and Psychological Measurement, 16,* 99-110.
Quay, H.C. (1987) Patterns of delinquent behavior. In H.C. Quay (Ed.), *Handbook of juvenile delinquency* (pp.118-138). New York : Wiley.
Quay, H.C., & Peterson, D.R. (1987) *Manual for the Revised Behavior Problem Checklist.* Miami, FL : University of Miami.
Quay, H.C., Routh, D.K., & Shapiro, S.K. (1987) Psychopathology of childhood : From description to evaluation. *Annual Review of Psychology, 38,* 491-532.
Raven, J.C., Court, J.H., & Raven, J. (1986) *Raven's progressive matrices and vocabularly scales.* London : Lewis.
Reid, S.A., & Reitsma-Street, M. (1984) Assumptions and implications of new Canadian legislation for young offenders. *Canadian Criminology Forum, 17,* 334-352.
Reitan, R.M., & Wolfson, D. (1985) *The Halstead-Reitan Neuropsychological Test Battery.* Tuscon, AZ : Neuropsychology Press.
Reitsma-Street, M. (1991) A review of female delinquency. In A.W. Leschied, P.G. Jaffe, & W. Willis (Eds.), *The Young Offenders Act : A revolution in Canadian juvenile justice* (pp.248-287). Toronto : University of Toronto Press.
Reitsma-Street, M., & Leschied, A.W. (1988) The Conceptual-Level Matching Model in corrections. *Criminal Justice and Behavior, 15,* 92-108.
Reynolds, C.R., & Kamphaus, R.W. (1992) *Manual : Behavior Assessment System for Children.* Circle Pines, MN : American Guidance Service.
Rigby, K. (1982) A concise scale for the assessment of attitudes toward institutional authority. *Australian Journal of Psychology, 34,* 195-204.
Robin, A.L., Koepke, T., & Moye, A. (1990) Multidimensional assessment of parent-adolescent relations. *Psychological Assessment, 2,* 451-459.
Roehling, P.V., & Robin, A. (1986) Development and validation of the Family Beliefs Inventory : A measure of unrealistic beliefs among parents and adolescents. *Journal of Consulting and Clinical Psychology, 54,* 693-697.
Roesch, R., & Golding, S.L. (1987) Defining and assessing competency to stand trial. In I.B. Weiner & A.K. Hess (Eds.), *Handbook of forensic psychology* (pp.378-394). New York : Wiley.
Roesch, R., Ogloff, J.R.P., & Golding, S.L. (1993) Competency to stand trial : Legal and clinical issues. *Applied and Preventive Psychology, 2,* 43-51.
Roesch, R., Webster, C.D., & Eaves, D. (1984) *The Fitness Interview Test : A method for examining fitness to stand trial.* Toronto : Centre of Criminology, University of Toronto.
Rogers, R., & Mitchell, C.N. (1991) *Mental health experts and the criminal courts.* Toronto : Carswell Publications.
Rotatori, A.F. (1994) Multidimensional Self Concept Scale. *Measurement and Evaluation in Counseling and Development, 26,* 265-268.
Rutter, M. (1987) Psychosocial resilience and protective mechanisms. *American Journal of Orthopsychiatry, 57,* 316-331.
Rutter, M. (1990) Psychosocial resilience and protective mechanisms. In J. Rolf, A.S. Masten, D. Cicchetti, K.H. Nuechterlien, & S. Weintraub (Eds.), *Risk and protective*

factors in the development of psychopathology (pp.181-214). New York : Cambridge University Press.
Sattler, J.M. (1992) *Assessment of children* (3rd ed., rev.). San Diego, CA : Author.
Sbordone, R.J. (1991) *Neuropsychology for the attorney.* Orlando, FL : Paul M. Deutsch Press.
Schaefer, E. (1965) Children's reports of parental behavior : An inventory. *Child Development, 36* 413-424.
Schissel, B. (1993) *Social dimensions of Canadian youth justice.* Toronto : Oxford University Press.
Schluderman, E., & Schluderman, S. (1970) Replicability of factors in Children's Report of Parental Behavior Inventory (CRPBI). *Journal of Psychology, 76,* 239-249.
Schluderman, S., & Schluderman, E. (1983) Sociocultural change and adolescents' perceptions of parent behavior. *Developmental Psychology, 19,* 674-685.
Sellin, T., & Wolfgang, M.E. (1964) *The measurement of delinquency.* New York : Wiley.
Shaffer, D., Schwab-Stone, M., Fisher, P., Cohen, P., Piacentini, J., Davies, M., Conners, C.K., & Regier, D. (1993) The Diagnostic Interview Schedule for Children Revised Versions (DISC-R) : Preparation, field testing, inter-rater reliability and acceptability. *Journal of the American Academy of Child and Adolescent Psychiatry, 32,* 643-650.
Shaw, M.W., & Wright, M. (1967) *Scales for the measurement of attitudes.* New York : McGraw-Hill.
Shields, I.W., & Simourd, D.J. (1991) Predicting predatory behavior in a population of young offenders. *Criminal Justice and Behavior, 18,* 180-194.
Shields, I.W., & Whitehall, G.C. (1991) *The Pride in Delinquency Scale.* Ottawa, Ontario : Department of Psychology, Carleton University.
Shields, I.W., & Whitehall, G.C. (1994) Neutralization and delinquency among teenagers. *Criminal Justice and Behavior, 21,* 223-235.
Siassi, I. (1984) Psychiatric interview and mental status examination. In G. Goldstein & H. Herser (Eds.), *Handbook of psychological assessment* (pp.259-275). New York : Pergamon.
Silvaroli, N.J. (1986) *Classroom Reading Inventory* (5th ed.). Dubuque, IA : Wm. C. Brown.
Simourd, D.J. (in press) The Criminal Sentiments Scale-Modified and Pride in Delinquency Scale. *Criminal Justice and Behavior.*
Simourd, D.J., Hoge, R.D., Andrews, D.A., & Leschied, A.W. (1994) An empirically-based typology of male young offenders. *Canadian Journal of Criminology, 36,* 447-461.
Skinner, H.A., & Sheu, W.J. (1982) Reliability of alcohol use indices : The Lifetime Drinking History and the MAST. *Studies on Alcohol, 43,* 1157-1170.
Snow, R.E. (1991) Aptitude-treatment interaction as a framework for research on individual differences in psychotherapy. *Journal of Consulting and Clinical Psychology, 59,* 205-216.
Sparrow, S.S., Balla, D.A., & Cicchetti, D.V. (1984) *Vineland Adaptive Behavior Scales.* Circle Pines, MN : American Guidance Service.
Stanford, M.S., Ebner, D., Patton, J.H., & Williams, J. (1994) Multi-impulsivity within

an adolescent psychiatric population. *Personality and Individual Differences, 16,* 395-402.
Sternberg, R. (1985) *Beyond IQ : A triarchic theory of human intelligence.* Cambridge : Cambridge University Press.
Sternberg, R. (1988) *The triarchic mind : A new theory of human intelligence.* New York : Cambridge University Press.
Strayhorn, J.M., & Weidman, C.S. (1988) A parent practices scale and its relation to parent and child mental health. *Journal of the American Academy of Child and Adolescent Psychiatry, 27,* 613-618.
Tarter, R.E. (1990) Evaluation and treatment of adolescent substance abuse : A decision tree method. *American Journal of Drug and Alcohol Abuse, 16,* 1-46.
Tate, D.C., Reppucci, N.D., & Mulvey, E.P. (1995) Violent juvenile delinquents : Treatment effectiveness and implications for future action. *American Psychologist, 50,* 777-781.
Thomas, C.W., & Fitch, S.M. (1981) The exercise of discretion in the juvenile justice system. *Juvenile and Family Court Journal, 32,* 31-50.
Thornberry, T.P., Huizinga, D., & Loeber, R. (1995) The prevention of serious delinquency and violence : Implications from the program of research on the causes and correlates of delinquency. In J.C. Howell, B. Krisberg, J.D. Hawkins, & J.J. Wilson (Eds.), *A sourcebook : Serious, violent, and chronic juvenile offenders* (pp.213-237). Thousand Oaks, CA : Sage.
Touliatos, J., Perlmutter, B.F., & Straus, M.A. (1990) *Handbook of family measurement techniques.* Newbury Park, CA : Sage.
Tremblay, R.E. (1992) The predictors of delinquent behavior from childhood behavior : Personality theory revisited. In J. McCord (Ed.), *Facts, frameworks, and forecasts : Advances in criminological theory* (pp.193-230). New Brunswick, NJ : Transaction Publishers.
Trevethan, S.D., & Walker, L.J. (1989) Hypothetical vs real-life moral reasoning among psychopathic and delinquent youth. *Development and Psychopathology, 1,* 91-103.
Valcuikas, J.A. (1995) *Forensic neuropsychology : Conceptual foundations and clinical practice.* New York : Haworth Press.
Van Voorhis, P. (1994) *Psychological classification of the adult male prison inmate.* Albany, NY : State University of New York Press.
Vaneziano, C., & Vaneziano, L. (1986) Classification of adolescent offenders with the MMPI : An extension and cross-validation of the Megargee typology. *International Journal of Offender Therapy and Comparative Criminology, 30,* 4-23.
Vold, G.V., & Bernard, T.J. (1986) *Theoretical criminology* (3rd ed.). Oxford : Oxford University Press.
Waldman, I.D., Lilienfield, S.O., & Lahey, B.B. (1995) Toward construct validity in the childhood disruptive behavior disorders : Classification and diagnosis in DSM-IV and beyond. *Advances in Clinical Child Psychology, 17,* 323-363.
Warren, M.Q. (1966) *Interpersonal maturity level classification : Juvenile diagnosis and treatment of low, middle, and high maturity delinquents.* Sacramento, CA : California Youth Authority.

Warren, M.Q. (1976) Intervention with juvenile delinquents. In M. Rosenheim (Ed.), *Pursuing justice for the child.* Chicago : University of Chicago Press.

Warren, M.Q. (1983) Applications of interpersonal-maturity theory to offender populations. In W.S. Laufer & J.M. Day (Eds.), *Personality theory, moral development, and criminal behavior* (pp.23-50). Lexington, MA : Lexington Books.

Webster, C.D., Rogers, J.M., Cochrane, J.J., & Stylianos, S. (1991) Assessment and treatment of mentally disordered young offenders. In A.W. Leschied, P.G. Jaffe, & W. Willis (Eds.), *The Young Offenders Act : A revolution in Canadian juvenile justice* (pp.197-229). Toronto, Ont. : University of Toronto Press.

Wechsler, D. (1981) *Wechsler Adult Intelligence Scale-Revised.* San Antonio, TX : The Psychological Corporation.

Wechsler, D. (1991) *Wechsler Intelligence Scale for Children-III.* San Antonio, TX : The Psychological Corporation.

Weisstub, D. (1984) *Law and mental health : International perspectives.* New York : Pergamon Press.

Werry, J.S. (1992) Child psychiatric disorders : Are they classifiable? *British Journal of Psychiatry, 161,* 472-480.

Wiebush, R.G., Baird, C., Krisberg, B., & Onek, D. (1995) Risk assessment and classification for serious, violent, and chronic juvenile offenders. In J.C. Howell, B.F. Krisberg, J.D. Hawkins, & J.J. Wilson (Eds.), *A sourcebook : Serious, violent, and chronic juvenile offenders* (pp.171-212). Thousand Oaks, CA : Sage.

Woodward, M.J., Goncalves, A.A., & Millon, T. (1994) Millon Personality Inventory and Millon Adolescent Clinical Inventory. In M.E. Maruish (Ed.), *The use of psychological testing for treatment planning and outcome assessment* (pp.453-478). Hillsdale, NJ : Erlbaum.

Woolard, J.L., Gross, S.L., Mulvey, E.P., & Reppucci, N.D. (1992) Legal issues affecting mentally disordered youth in the juvenile justice system. In J.J. Cocozza (Ed.), *Responding to the mental health needs of youth in the juvenile justice system* (pp.91-106). Seattle, WA : National Coalition for the Mentally Ill in the Criminal Justice System.

Wormith, J.S. (1995) The Youth Management Assessment : Assessment of young offenders at risk of serious reoffending. *Forum, 7,* 23-27.

Wright, K.N. (1985) Developing the Prison Environment Inventory. *Journal of Research in Crime and Delinquency, 22,* 257-277.

Yoshikawa, H. (1994) Prevention as cumulative protection : Effects of early family support and education on chronic delinquency and its risks. *Psychological Bulletin, 115,* 28-54.

Zager, L.D. (1988) The MMPI-based criminal classification system : A review, current status, and future directions. *Criminal Justice and Behavior, 15,* 39-57.

訳者あとがき

　著者たちが本書内で述べているように，ここで紹介されている心理検査は一般的なものが多く，最新の検査情報については引用文献などを参照して自分で調べていかなければならないでしょう。むしろこの本は少年司法手続における標準化検査の役割や可能性について学ぶのに適していて，コンパクトで分かりやすく書かれていると思います。

　少年事件の現場で対象者の心理面等の鑑別や調査をしていると，自分の着想から離れて客観的にケースを検討することが難しいと感じることがよくあります。私自身専門家（の端くれ）としてもっと見識や経験を深めて力をつけていかなければならないのでしょうが，客観的な物差しとして手元にある情報や自分の仮説についてフィードバックを与えてくれる標準化検査の存在は大きいと常々感じています。

　著者が繰り返し述べているように，標準化テストとは言えその結果を鵜呑みにすることなく，各種情報と一緒に検討しながらアセスメントの中に統合していくことは大切で，それにより質の良いデータに裏打ちされた説明ができるようになると考えます。そのような姿勢についても本書から学ぶところは大きく，適正なアセスメントを経て非行や犯罪の原因，環境や家庭の問題，あるいは少年像を解明していくことは，少年事件に関与するさまざまな機関が効果的に対象少年の問題に対処していくことを助けることになるでしょう。

　原書の編集者が冒頭で述べているように，著者たちは控えめながら説得力ある論調で本書を執筆しています。しかし，作業に不慣れだったとは言え，翻訳文を読み返すと稚拙な表現ばかりが目につき，校了した今でも自分の中では達成感よりも内容が正確に伝わらないのではという不安感が先

に立ってしまいます。翻訳に時間がかかりすぎたことについても反省するばかりで，我慢強く待ってくださった金剛出版の方々には心から感謝申し上げます。読んで下さる方にとって少しでもお役に立てれば幸いです。

法務省矯正局成人矯正課
菅野哲也

●著者略歴

ロバート・ホッジ：カールトン大学名誉教授（カナダ・オンタリオ州）

青少年心理学，司法心理学および心理検査分野で研究や著作が多いほか，各国・州の政府機関の顧問等を歴任している。代表的なものでは，カナダ連邦（仮釈放委員会），カナダ連邦（司法省），オンタリオ州（地域・社会サービス省），オンタリオ州（青少年省），米国アラスカ州（少年司法局），米国フロリダ州（少年司法局），シンガポール政府，英領バミューダ（司法部門）等がある。また，2007年および2008年には国連アジア極東犯罪防止研修所（東京）に講師として招聘されている。「Assessing the Youthful Offender」（本書），「Assessing Adolescents in Educational, Counseling, and Other Settings (1999)」，「The Juvenile Offender: Theory, Research, and Applications (2001)」，「Assessment of Children: Behavioral, Social, and Clinical Foundations (with J. Sattler, 2005)」，「Treatment of the Juvenile Offender (with N. Guerra & P. Boxer, 2008)」，「Assessing Risk for Violence in Juveniles (with D. A. Andrews, 2009)」等の著作と，本書の共著者であるアンドリュース名誉教授（カールトン大学）とともに少年版のリスクアセスメント「the Youth Level of Service/Case Management Inventory」(Multi-Health Systems社)を開発している。

D. A. アンドリュース：カールトン大学名誉教授（カナダ・オンタリオ州）

犯罪者の心理検査および処遇技法，犯罪行為の心理学，社会心理学，犯罪学において研究や著作が多く，主なものでは「The Psychology of Criminal Conduct (with James Bonta)」，「Assessing the Juvenile Offender」（本書），「Evaluation of Risk for Violent Juveniles (with Robert D. Hoge)」があげられる。また，世界中の司法機関や犯罪処遇機関等で使用されているリスクアセスメントであるLevel of Serviceシリーズを考案および開発（最新版は「Level of Service/Case Management Inventory」）しており，本書の共著者であるホッジ教授とも青少年版のリスクアセスメントである「the Youth Level of Service/Case Management Inventory」を開発している。

●訳者略歴

菅野哲也(すがの・てつや)
　1960年生まれ
　法務省矯正局成人矯正課法務専門官
　上智大学卒業及びロマリンダ大学修士課程修了
　秋田家庭裁判所調査官(補),JICA専門家(タイ王国司法省派遣),国連アジア極東犯罪防止研修所教官,奈良少年鑑別所首席専門官等を経て現職。

非行・犯罪少年のアセスメント
問題点と方法論

著 者　ロバート・D・ホッジ，D・A・アンドリュース
訳 者　菅野哲也

2012年1月30日印刷
2012年2月10日発行

発行者　立石正信
発行所　株式会社金剛出版
　　　　〒112-0005　東京都文京区水道1-5-16
　　　　電話　03-3815-6661　振替　00120-6-34848

印刷・製本　三協美術印刷

ISBN978-4-7724-1235-3 C3011
Printed in Japan © 2012

非行臨床の新潮流
リスク・アセスメントと処遇の実際

生島　浩，岡本吉生，廣井亮一 編著
Ａ５判上製　200頁　定価2,940円

　非行少年「立ち直り」の新しい流れを気鋭の実践家，研究者がレポートする。第Ⅰ部は司法による処遇と臨床的支援のコラボレーションについて，第Ⅱ部は非行の理解・予測から非行予防までさまざまなレベルのリスク・アセスメントについて，そして第Ⅲ部では「立ち直り」への根源的な問いから非行臨床のありうべき姿について，複数の立場からの理論と実践が報告される。
　非行臨床の新しいうねりを，読者は本書を通して体感できるであろう。

非行臨床の技術
実践としての面接・ケース理解・報告

橋本和明 著
Ａ５判上製　260頁　定価3,990円

　一対一面接で対応する心理臨床一般に対し，暴力事件や犯罪行為に手を染めた少年を罪状決定・更生措置へと導く非行臨床を，家庭裁判所調査官を長年経験してきた経験した著者が10の技術論とケースレポートによって総括する。巻末には非行臨床家が裁判官やその他の援助職と面接内容を伝達する際の拠り所となる「プロセスレコード」を付した，司法臨床の決定的技法論。

子どもと家族の法と臨床

廣井亮一，中川利彦 編著
Ａ５判上製　264頁　定価　定価3,570円

　子どもと家族が直面する紛争は，法的な判断だけでは解決できない。
　法律と心理臨床を両輪として子どもと家族をめぐる問題に取り組んできた現役の弁護士・裁判官と家庭裁判所調査官が集まり，それぞれの領域に関連する法律・制度をふまえ，対処の姿勢と解決に導くための方法を実践に役立つデータとともに基礎から解説する。家族紛争に戸惑うあらゆる専門家のための「法と臨床の協働」入門。

価格は消費税込み（5％）です

発達障害と少年非行
司法面接の実際

藤川洋子 著
A5判上製　232頁　定価3,360円

　「凶悪犯罪」とひと括りにするにはあまりにも不可解な事件の数々……。動機がわかりにくい事件，どこかしら奇異な印象を受ける事件，本書は，そうした事件を家庭裁判所調査官として扱いながら，事件を多角的に見ることによって不可解さの要因を解明し，適切な処遇につなげたいとした著者渾身の論文集である。
　非行臨床・司法面接の第一人者による，実践に裏打ちされた臨床指導書。

必携 臨床心理アセスメント

小山充道 編著
B5判並製　510頁　定価8,925円

　現場に生きるプロたちが作った心理テストの集大成！
保険点数が設定されている発達検査，知能検査，神経心理検査，人格検査，健康検査，投映法検査など国内で多用される約100の心理テストについて，詳細な解説とケース，ワンポイント・アドバイス等が書かれた心理テストの一大百科。テストの紹介の他にも心理査定概論，テストバッテリー，フィードバック，適用事例などについてもあたたかくきめ細やかに詳説。

子どもの臨床心理アセスメント
子ども・家族・学校支援のために

松本真理子，金子一史 編
B5判並製　200頁　定価2,940円

　子どもの心理臨床では，一人一人の個性に合わせたアプローチが必要であり，また，親子関係や学校の状況などの環境への配慮も欠かせない。本書では，この二つの視点から子どもの全体像を把握し，援助の指針を示し，実践に結びつけるためのアセスメントの方法を解説する。SCT，TAT，WISC-Ⅲや新版K式発達検査といった子どものアセスメントで多用される検査を紹介。

価格は消費税込み（5％）です

パーソナリティ障害：診断と治療のハンドブック

レン・スペリー著／近藤喬一，増茂尚志監訳　パーソナリティ障害の診断と治療に関する包括的でまとまったアプローチを提供するガイドライン。　4,830円

学生相談必携 GUIDE BOOK

下山晴彦，森田慎一郎，榎本眞理子編　大学協働型学生相談モデルのドキュメントであり，最良の学生相談サバイバル・マニュアル。　3,780円

児童福祉施設における暴力問題の理解と対応

田嶌誠一著　子どもの成長基盤としての安心・安全を実践から徹底追求。心理臨床のパラダイム転換を目指した，著者渾身の書き下ろし。　8,925円

家族・夫婦臨床の実践

中村伸一著　家族・夫婦臨床の現場に携わってきた著者の集大成ともいうべき技法指導書。初回面接・アセスメント・介入のコツを解説。　3,990円

わかりやすいMMPI活用ハンドブック

野呂浩史監修／井手正吾編集　パーソナリティ検査としてロールシャッハ・テストと双璧をなすMMPIの臨床応用ガイドブック。　3,990円

精神鑑定の乱用

井原裕著　裁判員制度において大きな争点となる，犯罪者の責任能力，障害者の保護と処罰の必要性の関係を豊富な鑑定経験から詳述する。　3,360円

薬物・アルコール依存症からの回復支援ワークブック

松本俊彦，小林桜児，今村扶美著　回復プログラムを使いやすいワークブックとして刊行。　2,520円

自尊心を育てるワークブック

G・R・シラルディ著／高山巖監訳　健全な"自尊心"の確立に不可欠な各要素をマスターするために必要なスキルの養成過程が解説される。　3,150円

図説 認知行動療法ステップアップ・ガイド

福井至編著　著者独自のカードを使ったわかりやすい新しい認知行動療法実施法！心の病の予防と治療への応用を目指した画期的な実戦書。　3,990円

対人援助者の条件

村瀬嘉代子，傳田健三編　心理療法の基本となること，対人援助職の資質・条件とは何か？　クライアントを支える真のプロとしてのセラピスト論。　2,940円

認知行動療法を身につける

伊藤絵美，石垣琢麿監修／大島郁葉，安元万佑子著　クライアントの症例に応じたオーダーメイド型CBTを学ぶグループとセルフヘルプのための一冊。　2,940円

事例でわかる心理検査の伝え方・活かし方

竹内健児編著　心理検査後の結果の「伝え方」と「活かし方」を，多様な現場の事例とコメントから学ぶ。臨床の幅を広げるスキルアップの書。　3,570円

精神科臨床における心理アセスメント入門

津川律子著　心理アセスメントを著者の軽やかな語り口で「6つの視点」から解説し，ビギナー臨床心理士を読者対象とした必携書。　2,730円

ロールシャッハ・テストによるパーソナリティの理解

高橋依子著　対象者のパーソナリティを理解するための手順と注意点を，具体的事例に即して懇切丁寧に解説。　3,570円

臨床心理学

最新の情報と臨床に直結した論文が満載
B5判160頁／年6回（隔月奇数月）発行／定価1,680円／年間購読料12,600円（増刊含む，送料小社負担）

精神療法

わが国唯一の総合的精神療法研究誌
B5判140頁／年6回（隔月偶数月）発行／定価1,890円／年間購読料11,340円（送料小社負担）

価格は消費税込み（5％）です